단단한 자소서,
탄탄한 면접
하루 완성

단단한 자소서,
탄탄한 면접
하루 완성

이수연 · 황유선 지음

방송작가와 **아나운서**가 **알려주는**
매력적인 취업 전략

다반

CHAPTER 5 단번에 달라지는 나의 말투

PART 1

자기소개서 공식 '순삭' 익히기

자기소개서
사용설명서

지금까지의 '자기소개서'는 버려라!

이 책의 '자기소개서 작성법'은 기존의 다른 자기소개서 관련 내용들과 다르다.

대형서점의 취업 코너를 한 번만 휘리릭 둘러봐라. 시중에 쏟아져 나온 자기소개서에 관한 책들이 넘치고 또 넘친다. 각각 다른 제목을 갖고 있고, 목차도 다른 듯하지만, 실상은 비슷한 내용들이다.

왜 그렇다고 생각하는가?

이유는 간단하다.

저자들의 대부분이 인사담당자 출신이라는 공통점을 가졌기 때문이다.

다시 말해, 인사담당자들의 관점에서 바라본 자기소개서 작성법이라는 것이다.

그러다 보니 기업별로 엄청 많은 사례를 소개하는 내용들이 많다. 물론 인사담당자 입장에서 잘 쓴 자소서를 소개하는 것, 중요하다. 하지만 세상에 기업이 한두 군데만 있는 것도 아니며, 지원자 또한 수백만 명에 달하는데, 어떻게 몇 가지 사례만으로 〈나만의 자기소개서〉를 쓸 수 있다는 것일까? 책에서 소개하는 사례를 그대로 차용해 이름만 바꿔서 지원할 수 없는 일 아닌가.

하지만!
이 책은 다르다.
시청자들의 마음을 사로잡는 노하우로
'글쓰기에 특화'된 방송작가가 직접 나서,
자기소개서의 작성법, 즉 '글쓰기 기술'을 알려 주는 책이다.

아무리 잘 쓴 자기소개서를 수십 편, 수백 편 읽어 봐야 '내 것'이 되지 않는다.

막상 컴퓨터 앞에 앉으면 첫 문장조차 시작할 수 없어 커서cursor만 깜박거릴 뿐이다. 머릿속에 수많은 생각들이 있지만, 그걸 어떻게 정리해서, 어떻게 써야 하는지에 대한 감이 정확하게 잡히지 않기 때문이다. 이것은 여러분의 문제가 아니다. 그저 글쓰기에 대한 훈련이 부족했을 뿐이다. 수학 문제를 풀려면 수학공식부터 외워야 하듯 자기소개서 작성법 또한 마찬가지다. 글쓰기 공식이 있는데, 그걸 알지 못해서 그렇다.

그래서!

이 책은 자기소개서의 목적에 맞추어 '글쓰기 공식'을 매우 상세하고, 친절하게 알려 주고 있다. 우선 항목별 구성은 단번에 이해하도록 일상생활을 예시로 풀어서 설명하고, 이어서 자기소개서에 응용하는 방식으로 되어 있다. 따라서 이 책을 순서대로 차근차근 따라가다 보면, 어느새 자기소개서에 대한 '글쓰기 공식'이 기초부터 단단하게 완성되어 있을 것이다.

당신에게 중요한 것은 자기소개서의 첫 문장부터 시작해 마침표를 찍기까지, 자기소개서의 목적에 맞는 글을 매끄럽게 써 내려가는 기술이다. 이 기술을 터득하고 싶은가? 그 비법이 여기에 담겨 있다.

나를 '단번에' 스토리텔링 하기

길라잡이:
'나'는 상품이다?

스마트폰의 창시자인 스티브 잡스. 그가 검정색 티셔츠에 청바지를 입고 무대 위에서 신제품 프리젠테이션을 하는 모습을 다들 한 번쯤 본 기억이 있으시죠? 많은 사람들이 그 모습을 기억하는 이유가 무엇일까요? 그만큼 스티브 잡스의 프리젠테이션이 유명하기 때문이겠죠. 애플 출신의 미아크 애반젤리스트는 "스티브 잡스의 프리젠테이션을 얼핏 보면 그냥 편하게 신제품에 대해 이야기하는 것처럼 보이지만, 사실은 상품에 대한 홍보, 시연, 여러 가지 의미 등을 복잡하고 정교하게 담은 기획"이라고 얘기하더군요.

여기서 밑줄 쫙, 들어갑니다.
'복잡하고 정교하게 담은 기획'이란 문구에 말이죠.

그렇다면 상품을 알리기 위한 기획을 복잡하고 정교하게 하는 이유는 뭘까요?

　소비자에게 좋은 상품이라는 걸 알리고, 판매하기 위해서죠.

　바로 이겁니다.

　자기소개서는 상품 홍보를 위한 프리젠테이션과 같다는 거죠.

　그리고 **여러분은** 바로 그 **'상품'**입니다.

　정리합니다.

　자기소개서는 '나'라는 인재가 얼마나 매력적이고 경쟁력 있는 '상품'인지를 기업이라는 '소비자'에게 판매하기 위한 글이라는 겁니다.

　그래서 자기소개서는 **내가 읽고 좋은 글이 아니라 기업이 읽고 마음에 드는 글**이 되어야 한다는 사실입니다. 소비자인 기업이 나를 사고 싶은가? 여기에 초점을 맞춰야 한다는 거죠.

　이 책을 시작하는 순간부터 여러분은 스스로에게 최면을 겁시다.

　"나는 좋은 상품이다"

　"기업은 나를 구매하는 소비자다"

　최면을 거셨나요?

　그럼 여러분을 매혹적으로 포장하고, 최상의 상품으로 출시(?)하는 방법을 위해, 본격적으로 시작해 봅시다.

01

지원 회사는 '어떤 인재'를 뽑고 싶을까?

아, 억울하다.

나 같은 인재를 몰라보다니! 날 못 알아보는 회사가 그저 야속하다.

주변의 내 친구들, 또 내 친구의 친구들과 두루두루 비교해 봤을 때, 절대 빠지지 않는데도 말이다.

그런데도 그들은 원하는 곳에 턱, 하니 합격하고, 왜 난 자꾸만 미끄러지는 걸까?

취업에서 미끄러진 경험이 있는 사람들 누구나 이런 감정을 한 번쯤은 느꼈을 것이다. 낙방의 경험을 하고 나면 '이번에도 혹시 또…?' 이런 생각에 살짝 두려움이 몰려오기도 한다. 물론 지금 이 책을 펼치고 있는 그대들 중엔 아직 취업 원서를 낸 적이 없어 전혀 공감이 안 되는 분들도 있을 것이다. 그렇다 해도 '내가 원하는 곳에 들어갈 수 있을까? 없을까'만 생각하면 심장이 한껏 쪼여 오지 않는가?

　대입 끝나 숨통 좀 트이나 싶었는데, 또 취업이라니! 인생은 정말 산 너머 산, 산다는 게 참 녹록치 않다. 물론 『세상은 넓고 할 일은 많다』는 책 제목처럼 '기업은 많고 할 일은 많다'. 하지만 가고 싶다고 마음대로 갈 수 있는 게 아니다. 관건은 회사의 선택이니까. 바꿔 말하면 결국 '회사의 선택을 받아야'만 취업이라는 견고한 벽을 뚫을 수 있다.

　여기서 잠깐! 질문 하나!
　'기업은 어떤 인재를 뽑고 싶을까?'

　자, 5초의 시간을 주겠다. 5, 4, 3, 2, 1!
　정답은 바로 '회사에 필요한 인재'다.

　에이, 뭐야, 대답이 너무 허무하잖아, 하고 실망하시는 분들이 계실지도 모르겠다. 그러나 잠깐 워워, 흥분을 가라앉히고 일단 이 언니의 이야기부터 한번 들어 보시라.

　방송 프로그램의 '작가 뽑기' 썰을 풀어 보겠다. 방송 프로그램마다 천차만별이겠지만, 그냥 평균적으로 잡아서 한 프로그램에 작가는 예닐곱 명에서 열 명 정도 된다. 가장 선임인 메인작가는 전체를

다 아우르는 역할을 한다. 나무가 아닌 숲을 보는 역할이라고 할 수 있겠다. 그러고 나면 숲속의 나무 하나하나를 디테일하게 살펴봐야 하는데, 이 역할은 서브 작가들이 한다. 이들은 '서브 작가'라는 이름으로 불리지만, 자세히 들여다보면 각자 장점도 다르고, 개성도 다르다. 섭외 잘하는 작가, 아이디어가 반짝이는 작가, 자막을 센스 있게 뽑는 작가, 내레이션을 잘 쓰는 작가 등등으로 말이다. 한 프로그램을 제작하는 데 있어 이러한 능력은 당연히 필요하다. 자, 이렇게 다양한 능력을 지닌 작가들이 환상의 팀을 꾸리게 되었다. 그러다가 시간이 흘러 흘러 이 중 어느 한 작가가 그만두는 상황이 벌어지고, 그 빈자리를 채울 누군가를 뽑게 된다면? 정답은 뭘까? 그렇지, 말 안 해도 이미 눈치채셨으리라. 당연히 그만두는 작가의 능력을 대체할 뉴 페이스를 뽑게 된다는 것이다. 다시 말해, '괜찮은 작가들'이 정말 많이 이력서를 내고, 면접을 보아도 그만둔 작가의 T.O를 채우는 것이지 기존에 남아 있는 다른 작가들과 능력이 겹치는 작가를 선택하지 않는다는 것이다. 그래서 면접을 본 수많은 작가들이 오직 '영 아니올시다'라는 이유만으로 탈락한 건 아닐 수 있단 얘기다. 충분히 괜찮아도 당장 그 프로그램에서 급하게 필요한 능력의 소유자를 뽑아야 하기에 '어쩔 수 없이' 떨어질 수도 있다는 사실!

이건 비단 '작가 뽑기'에서만 적용되는 법칙이 아니다. 모 대기업의 마게팅 관련 업무의 경력직 팀장을 뽑았던 실제 사례 하나를 소개하겠다.

그 기업에선 자사의 신제품이 출시될 때마다 고객들에게 '쉽고 빠르게 각인이 되는 설명 문구'를 센스 있게 뽑고, 매끄럽게 다듬어 낼 수 있는 사람을 필요로 했다. 마지막까지 몇 명의 쟁쟁한 후보자들이 있었는데, 최종 합격은 '긴 호흡의 글'을 잘 쓰는 경력자였다. 최종 결과가 나온 이후 마지막까지 경쟁했던 탈락자가 이런 이야기를 했다. 면접 때 '문구'에 관련된 질문들이 있었는데, 좀 더 '문장력'이나 '글빨(?)'에 자신 있다는 사실을 강조할 걸 그랬다고. 하지만 자신은 감각적이다, 라는 것에만 오롯이 초점을 맞춰 대답한게 후회스럽다는 얘기였다.

따라서 이 얘기의 결론은?
면접하려는 회사에서 어떤 인재를 필요로 하는지 사전에 꼼꼼하게 알아봐야 한다는 것이다.

그렇다면 대체 이걸 어떻게 알 수 있지?, 하는 의문이 들 것이다. 대체적으로 각 회사마다 꼭 적어야 하는 자소서 요건들이 있다. 그 요건들을 보면서 '회사에서 원하는 인재상'이 어떤 사람인지, 그 '핵심'을 파악하는 것이다. 이건 기업마다 다르다. 어떤 기업의 경우는 아무것도 없는 백지에 자기소개를 써오라고 하기도 하고, 어떤 기업은 글자수로 제한을 두기도 하며, 또 어떤 기업은 몇 가지 질문에 답하는 방식으로 쓰기도 한다. 그래도 질문이 있으면 그나마 다행이다. 질문마다 대답을 적으면 되니까. 하지만 아무런 질문 없이 자기소개서를 채워 나가야 한다면? 이럴 땐 참으로 난감하다.

그래서 지원하기 전에 필수적으로 해야 할 일은?
지원하는 기업에 대한 자료조사다.

자료조사는 회사 홈페이지나 그 기업 관련 기사를 검색해 보면 효과적이다. 그것도 없으면 네이버나 구글 등 포털 사이트나 취업 관련 카페(커뮤니티)에서라도 검색해 보자. 간혹 '-카더라' 식의 잘못된 정보도 있을 수 있지만, 많은 정보를 모으다 보면 가짜뉴스들은 자연스럽게 정리될 것이다.

그렇담 어떤 정보를 알아봐야 할까?

◈ 기업의 중점 사업이나 방향에 대한 조사
◈ 기업의 목표 조사
◈ 기업에서 추구하는 인재상
◈ 지원하려는 부서에 관한 뉴스 기사
◈ 지원회사의 광고나 홍보자료

이런 부분에 관한 자료조사를 하고 나면 모호하고 막연하게 가려져 있던 부분들이 걷히며 정리가 될 것이다. 지피지기면 백전백승 아닌가. 지원하기 전 기업에 대해 먼저 파악하자.

🙂 언니의 한마디!

☞ Ctrl C - Ctrl V 절대 금물!

회사마다 원하는 인재상이 달라!
그래서 자소서 한 번 작성한 후에 회사마다 '돌려찍기' 하면 절대 안 된다는 것, 잊으면 안 돼!
다시 말해, 회사 이름을 A사, B사, C사⋯ Z사까지 다 바꿔도 어색하지 않다면?
이건 잘못 쓴 자소서란 얘기지!

그리고 이거 알아?
인사담당자 약 80%가 복사하거나 베껴 쓴 자기소개서를 바로 구분할 수 있다고 해.

02

'과거의 나'가 아닌
'미래의 나'를 표현해라

우리나라 유수 대학 중 한 곳의 교수님이 외국인 유학생들에 관한 이야기를 한 적이 있다. 그들이 석박사로 대학원을 지원할 때 작성하는 서류 중에 자기소개서가 포함되어 있는데, 대부분이 "저는 어린 시절 부모님께 사랑을 많이 받고 자랐습니다"라는 내용으로 시작한다는 것이다. 대학원에 제출하는 자기소개서는 자신의 나라에서 어떤 전공을 했고, 한국으로 공부하러 온 이유나 목적에 대해 적는 글이다. 하지만 외국인 유학생들이 한국의 문화에 낯설다 보니 한국 대학에서 요구하는 자소서의 목적을 잘 모를 수밖에 없다. 때문에, 그저 '자기소개서'라는 단어 자체에 충실하게, 주로 자신을 소개하는 성장배경에 대해서만 적는 것이다.

그런데 이런 일이 외국인 유학생들에게서만 보이는 현상이 아니란 사실이다. 실제 인사담당자들의 얘기를 들어 보면 자기소개서에 자신이 어떤 성장배경으로, 어떻게 살아왔는지에 대해 '목적 없이' 서술하는 지원자들이 의외로 많다고 한다.

그래서 우리는 정확하게 다시 한 번 짚어야 한다. 자기소개서는 그저 '자기'를 '소개'하는 글이 아니란 사실을 말이다. 자기소개서는 지원하는 기업이 원하는 인재상에 맞춰 자기를 '친절하게'가 아니라 '효율적으로' 소개해야 하는 글이다.

그 방법은 바로 이것이다. 기억하라!

> '나'의 과거 이야기를 적어라.
>
> 단, 거기서 끝내면 안 된다.
>
> 과거 이야기를 통해 '나'의 미래가 예상되도록 적어라.

자기소개서에는 당연히 자신의 경험을 적어야 한다. 즉 과거의 이야기란 것이다. 하지만 거기서 끝내면 안 된다. 인사담당자들이 친구도 아니요, 애인도 아닌데, 굳이 여러분의 과거담을 얘기하는 게 무슨 의미가 있는 건가. 그들이 여러분의 과거 이야기를 보는 건 그 경험에 비춰 봤을 때, 기업에 필요한 인재가 될지, 아닐지를 판단하기 위해서다. 그래서 여러분의 과거 경험이 입사 후 회사에서 어떤 모습을 보여 줄지 예상되도록 작성해야 한다는 것이다. 그런데 문제는 책을 읽을 땐 다 이해되지만, 막상 자기소개서를 작성하면 머릿속이 하얘지며 '내 과거 이야기가 미래로 이어지는 걸 어떻게 해야 하는 거지?', 막막해진다는 점이다.

그래서 이 책이 있다.
이 책의 목표는 무엇인가?
'자소서 공식' 익히기 아닌가!
그러니 공식처럼 암기하셔라.

1단계: '나'의 과거 경험담을 적는다.

2단계 : 과거 경험을 미래로 연결시켜 줄 접속사를 붙인다.

(그래서 / 그랬기 때문에 / 그 덕분에 / 그런 경험으로 인해)

3단계 : 이 접속사들 뒤에 입사 후 예상되는 '내 모습'을 적는다.

아주 단순한 예를 들어 보면 "저는 부모님에게 부족함 없이 사랑받고 자랐습니다"로 끝나는 게 아니라 "그 덕분에 모나지 않은 성격이어서 팀원들과 부딪힘 없이 잘 지낼 수 있습니다"까지 이어져야 한다는 것이다.

그럼 한번 빈칸을 채워 보자. 물론 기업마다 입사 후 모습이 달라지겠지만, 지금 이걸 해보는 건 과거 경험을 바탕으로 입사 후 미래의 모습을 한번 예측하는 연습을 해보자는 의미다. 바로 이어지는 연습1의 사례에서 과거 모습은 임의로 제시했다. 이를 바탕으로 입사 후 미래의 모습으로 이어지는 것에 초점을 맞추어서 작성해 보자. (각자 그대들이 가고 싶은 기업에 들어갔을 때를 상상하고, 그곳에서 펼치게 될 미래의 모습을 연결시키면 될 것이다.) 그리고 연습2는 여러분의 과거 경험 중의 하나를 적어 보고, 그것을 여러분이 마음속에 품고 있는 기업에 맞춰서 한번 적어 보자. 연습이니 편안하게 해보시길!

	내용
과거 모습	**연습1)** 조별 과제에서 소화제마다 성분을 분석하는 실험을 진행했을 때 한 친구의 실수로 중간에 소화제들이 섞이는 일이 발생했습니다. 그때 조원들끼리 큰 다툼이 일었지만, 제가 중간에서 대안을 제시하면서 실험을 이어 나갔고, 그 결과 조원들도 화해를 하였습니다.
입사 후 모습	그래서 / 그랬기 때문에 / 그 덕분에 / 그런 경험으로 인해 + (이어 보시오) 제가 앞으로 입사한다면,
여러분의 과거 경험	**연습2)**
입사 후 모습	그래서 / 그랬기 때문에 / 그 덕분에 / 그런 경험으로 인해 + (이어 보시오) 제가 앞으로 입사한다면,

[Exercise] **미래 입사 후 모습으로 연결시켜라**

나에 대한 '대표 키워드' 세 가지를 뽑아라

자신을 스토리텔링 해라!

그래, 좋은 이야기다. 그런데 스토리텔링이라는 게 말이 쉽지, 너무 막연하지 않은가? 이런 의문을 가진 분들에게 스토리텔링의 첫걸음을 소개하련다.

베스트 프랜드들 사이에서 한때 유행(?)했던 게임이 있었다. '이미지 떠올리기 게임'이란 이름 정도로 부르면 될 것 같은 이 게임의 시작은 두 명의 썸남 사이에서 갈등하던 친구 때문이었다. 그녀는 자신에게 호감 신호를 마구 발산하는 두 명의 훈남 사이에서 행복한 고민 중이었다. 두 명의 남성 모두 객관적으로 봤을 때 좋은 스펙과 빠지지 않는 인물을 지녔다. 물론 성격도 둘 다 무난하니 괜찮았다. 그렇다고 두 명과 양다리를 걸칠 순 없는 노릇 아닌가. 어느 한쪽으로 마음을 정해야 하는 기로에 놓인 친구는 우리들에게 고민을 털어놓았다. A는 이래서 괜찮고, B는 저래서 괜찮아서 한 명을 선택하는 것이 너무 어렵다는 얘기였다. 그녀 이야기를 들은 다른 친구가 이런 이야기를 했다.

"둘 다 괜찮다는 거지? 그러면 A에 대한 이미지 다섯 가지랑 B에 대한 이미지 다섯 가지를 한번 말해 봐. 대신 오래 생각하면 안 돼. 즉각적으로 떠오르는 것만."

그녀의 대답은 이랬다.

"A는 따뜻하다, 믿음이 간다, 자신감이 넘친다, 예의 바르다, 성실하다."
"B는 편안하다, 착하다, 성실하다, 반면 카리스마가 부족하다, 남의 눈치를 본다."

모여 있던 친구들이 "그럼 넌 A한테 더 끌리는 거네?"라고 다 같이 입을 모아 얘기했다. 물론 단점이 없는 사람은 한 명도 없으며, 100% 완벽한 사람도 한 명도 없다. 그럼에도 불구하고 30초도 안 되는 시간 동안 딱 떠오르는 이미지에서 장단점을 콕 집었다는 건 은연중에 그런 모습들이 드러났다는 것 아니겠는가. 난데없이 친구의 썸남 이미지에 대해 이리도 길게 이야기하는 건 누구나 그 사람을 대표하는 이미지가 있다는 걸 전달하고 싶어서다.

사람은 타고난 성품, 가치관, 살아온 환경, 숱하게 맺은 인간관계 등으로 인해 각자 고유의 이미지를 가지게 마련이다. 바꿔 말하면 이것은 곧 그 사람의 장단점이라고 볼 수 있다.

그럼 여러분의 이미지는 어떤 키워드로 뽑을 수 있는가?
이런 '이미지 떠올리기' 작업을 스스로에게 적용시켜 보자.

나란 사람의 이미지는?
나란 사람을 대표하는 키워드는 뭘까?

자, 지금부터 1분 드리겠다.
순간적으로 떠오르는 대표 키워드를 몇 가지 떠올려 보자.

	키워드
나는 어떤 사람일까?	**1.**
	2.
	3
	4.
	5.
	6.
	…

[Exercise] **나에 대한 '대표 키워드'**

물론 여러분 스스로 생각하는 '나'의 이미지를 떠올릴 때 위의 표보다 더 적을 수도 있고, 더 많을 수도 있다. 그래도 괜찮다. 여기서 퍼센테이지 높은 순서대로 순위를 정해도 괜찮고, 아니면 여러분의 찐친 두세 명에게 한번 물어보시라. 어떤 키워드로 여러분을 표현하는지 말이다. 그런 후 최종적으로 자신의 대표 키워드를 세 가지로 압축해 보자. 그러고 나면 '나'란 인물을 어필하는 데 있어 내세울 점이 무엇인지 자연스럽게 정리가 된다. 이것이 곧 스토리텔링의 소재로, 자신을 알리는 재료를 준비하는 첫 작업이다.

'스토리'의 '밑그림'을
그려 보라

바로 위에서 자신을 대표하는 키워드 세 가지를 뽑았다. 이 키워드들은 여러분의 스토리를 만들어 줄 소중한 재료들이 된다. 그럼 같이 한번 연습 삼아 해보자.

〈대표 키워드〉
아이디어 왕 * 강한 멘탈 * 웃상(웃는 얼굴)

풀어 보면 번득이는 아이디어가 많고, 정신력이 강하며, 늘 웃는 얼굴이라는 것이다. 즉 이러한 재료들을 가지고 '나'에 대한 스토리텔링을 만드는 밑그림을 그리라는 것이다. 너무 막연한가? 걱정은 노노~다. 꼼꼼하게 설명 들어가신다.

'아이디어 왕'에 등극할 만큼 아이디어가 얼마나 많은지에 대해서 구체적으로 세분화시켜 또 나눌 수 있다.

　- 아이디어라고 하는 것이 전구에 불이 켜지듯 반짝, 하는 순간적
인 센스인가?
　- 다른 사람들과 항상 다른 관점으로 보는 특성이나 시도에서 비
롯된 아이디어인가?
　- 본인이 낸 아이디어가 타의 추종을 불허할 만큼의 성과를 낸 적
이 있는가?
　- 업무와 관계없이 친목 도모나 동아리 등의 활동에서 빛을 발한
것인가?

'강한 멘탈'도 이렇게 한번 나누어 볼까?

　- '멘탈'이 특히 강하게 발휘되는 부분, 종목이 있는가?
　- 남들 다 포기할 때도 끝까지 버티는 독기와도 일맥상통하는가?
　- 흔들리지 않는 '멘탈'을 보여 줘서 주변에서 모두 놀라거나 칭
찬을 한 적이 있는가?
　- 특별히 '멘탈'이 강하게 된 어떤 이유가 있었는가?
　- '강한 멘탈'로 인해서 크게 이득을 본 경험이 있는가?

내친김에 '웃상'도 해보자.

- 타고날 때부터 '웃상'인가? 아니면 후천적인 연습에 의한 것인가?
- '웃상'으로 남들에게 들은 재미있는 별명이나 긍정적인 평가가 있는가?
- 의외로 '웃상' 때문에 오해를 받은 적이 있는가?
- 반대로 '웃상' 덕분에 생각지도 않았던 이득을 본 적이 있는가?

어떤가? 똑같은 키워드도 세부적으로 나눈 각각의 질문들에 따라 스토리가 전혀 달라진다는 게 한눈에 보이지 않는가? 그렇다. '악마는 디테일에 있다'는 말처럼, 얼마나 더 세심하고 꼼꼼하게 분류했는지에 따라 스토리의 방향이 무궁무진하게 달라질 수 있다. 작은 한 끗 차이로 승부가 갈릴 수 있다. 그러니 이 디테일에 각별히 신경 써야 한다.

여기까지 이해가 잘 됐다면, 이제 응용의 시간이다.
여러분의 키워드를 뽑았다면, 스토리 밑그림을 구체적으로 그릴 수 있도록 이것을 디테일하게 재분류해 보자.

	디테일한 분류 작업
당신의 키워드 1. [ ]	– – –
당신의 키워드 2. [ ]	– – –
당신의 키워드 3 [ ]	– – –

[Exercise] **키워드에서 파생된 다양한 질문거리들**

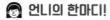 **언니의 한마디!**

☞ 어떤 음식을 완성하는 걸 스토리텔링에 비유해 볼게.

그럼~
대표 키워드 세 가지를 뽑는 건, 음식의 재료를 선택하는 거와 같다면~
키워드마다 세부적으로 더 분류하는 건,
똑같은 재료도 구울지, 삶을지, 튀길지, 날것으로 조리할지 나누는 거라
고 할 수 있어.

에피소드는
필수다

먼저 질문 하나!

다음 중 더 가슴 깊이 공감이 가는 이야기는?

1. 우리 집은 너무 가난했다. 그래서 어머니가 고생을 많이 하셨다.

2. 어려서부터 우리 집은 가난했었고, 남들 다하는 외식 몇 번 한 적이 없었고 어머님이 마지못해 꺼내신 숨겨 두신 비상금으로 시켜 주신 자장면 하나에 너무나 행복했었어. 하지만 어머님은 왠지 드시질 않았어. 어머님은 자장면이 싫다고 하셨어.

아마 다들 2번을 고르셨으리라. 또 아시다시피 2번은 GOD의 '어머님께'라는 곡의 가사다. (아주 오래전이긴 하지만) 당시 이 가사는 굉장히 센세이션했다. 대중가요의 가사가 대부분 사랑에 관한 주제 일색인데 반해, '어머님께'는 색다른 주제여서 눈길을 끌었다. 게다가 시적인 표현이나 비유, 은유 같은 기법이 아니라 가난하지만 오롯이 자식들을 위해 희생하는 어머니에 대해 '어머니는 자장면을 싫다고 하셨어'라는 사실적이고, 직관적인 가사로 표현했다는 점이 독특하다는 평가였다. 어머니는 자장면 한 그릇 살 돈을 아끼기 위해 자장면이 싫다고 했다는 것 아닌가. 이 가사를 들으면, 맛있게 자장면을 먹고 있는 아이들을 흐뭇하면서도 짠하게 바라보는 어머니의 모습이 떠오르며 울컥, 하는 감정이 올라오지 않는가. 이것이 바로 에피소드의 힘이다. '가난한 환경'이란 같은 사실을 놓고도 1번 보기처럼 뭉뚱그리는 것보다 2번 보기처럼 구체적으로 표현할 때 훨씬 더 가슴을 후벼 파는 효과가 있다는 것이다.

에피소드의 사전적 의미로는 '어떤 이야기나 사건의 줄거리 사이에 끼어든 토막 이야기'를 말한다. 드라마나 영화, 소설은 여러 개의 에피소드가 연결되면서 전체 스토리를 완성한다고 할 수 있다. 곰곰이 생각해 보면 우리들의 인생도 마찬가지다. 우리는 태어나면서부터 매 순간 크고 작은 일들의 연속을 겪는다. 그래서 지금의 '나'는 어제, 그저께, 그끄저께… 이렇게 과거에 자신이 겪었던 나날들의 결과라고 볼 수 있다. 그리고 그 여러 가지 경험들 중에 가장 인상 깊었던 몇몇 가지의 사건들은 '나란 사람이 누구인가'에 대해 아주 잘 말해 주는 에피소드일 것이다. 그렇다면 이런 에피소드들을 몇 가지 픽(pick)해 보자. 이것이 핵심이다.

에피소드 성격	구체적인 사례 / 일화
배려심, 이타심이 드러남	
유머 감각 돋보임	
탁월한 리더십	
감동의 눈물을 짓게 만듦	
역경과 고난을 이겨냄	
아이디어 또는 분석력을 발휘함	
4차원적인 개성, 독특함이 보임	
갈등을 극복하고 봉합함	
...	

[Exercise] 에피소드 정리

좀 더 구체적으로 해보자. 에피소드들도 공통적인 카테고리로 나눌 수 있다. 대략적으로 자기소개서에 단골로 등장하는 류의 카테고리들로, 그 예시는 앞의 〈표〉로 살펴보자. (물론 카테고리는 이보다 더 나눌 수 있다.) 또한 앞서 자신에 대한 대표 키워드들의 구체적인 에피소드도 여기서 분류될 수 있다.

　　앞의 [Exercise] 표 빈칸에 각각의 카테고리에 맞는 자신의 구체적인 에피소드를 적어 보자. 에피소드가 있고 없을 때, 어떤 차이가 느껴지는지 한번 보자. 가령 '저의 장점은 좋으신 부모님의 가르침 덕분에 늘 다른 사람을 배려한다는 것입니다.'라고 적는 것보다 '지하철에서 데이트 폭력을 당하는 여성을 보았을 때, 남성을 제압해 그 여성을 도왔습니다. 물론 제가 해코지 당해서 피해 볼 수도 있었지만, 위험한 여성을 보는 순간 무조건 도와야 한다는 생각부터 났습니다.'라고 하는 것에 더욱 눈길이 간다. 이처럼 자신의 장점이 드러나는 에피소드가 단 한 개도 없는 사람은 없다. 어릴 때부터 성인이 될 때까지 적어도 두세 개는 기본적으로 있을 것이다. 그러니 적어 보자. 그런데 누군가는 그냥 생각하면 되지, 굳이 적기까지? 이렇게 반문할지도 모른다. 여기에 대한 답은 그냥 머릿속으로 떠올렸을 때보다 글로 정리했을 때의 장점은 스스로 자신의 과거에 대해 한번 정리할 수 있고, 동시에 어떠한 에피소드가 임팩트 있는지 한눈에 보인다는 사실이다. 그러니 일단 글로 정리를 하고 나서 지원하려는 회사가 원하는 인재상 혹은 자신이 가장 돋보이는 에피소드를 골라 보자.

　마지막으로 여기서 중요한 것 하나를 덧붙이자면, 그 에피소드가 '사람의 마음을 움직일 만한 울림'까지 있다면 더 좋을 것이다.

06

'밑그림'에서 취할 것 VS.
버릴 것

사람들이 신상(新商)에 열광하는 이유는 뭘까? 그것은 말 그대로 새롭기 때문이다. 기존에 늘 보던 것이 아닌 새롭고 신선한 것이 사람들을 매료시키는 것이다. 그런데 이게 어디 물건에만 국한된 것일까? 세상의 모든 것에 적용되는 이야기다. 어떠한 물건이나 어떤 진리, 혹은 어떤 아이디어든 간에 새로운 것이 주는 매력은 강렬하다.

방송 프로그램을 기획할 때도 마찬가지다. 어느 프로그램을 기획하는 데 있어 중요한 요건을 딱 하나만 꼽으라면 단연코 '새로움'이라고 말할 수 있다. 기존에 있던 프로그램에서 볼 수 없었던 '썸씽 뉴(somethimg new)'를 찾아내는 것이 기획안 통과하는 관건이다. 예를 들어 MBC의 '나 혼자 산다'와 SBS의 '미운 우리 새끼' 두 프로그램을 비교해 보자. '나 혼자 산다' 프로그램이 더 먼저 시작된 프로그램인데, 이후 '미운 우리 새끼'가 후발 주자로 등장했다. 방송 영상 콘텐츠의 대부분을 차지하는 건 싱글 남녀들이 혼자 생활하는 모습을 관찰한 영상이다. 즉 둘 다 비슷한 콘셉트라는 것이다. 이런 경우 후발 주자가 손해일 수밖에 없다. 그런데도 SBS에선 어떻게 '미운 우리 새끼' 기획안이 통과되고, 지금의 인기를 끌게 되었을까? 그것은 어머니들이 출연하는 것이 '새로움'의 요소로 들어갔기 때문이다. 즉 비슷한 듯하지만 전혀 달라 보이는 '썸씽 뉴'가 있었다는 것이다.

이건 비단 방송 프로그램의 콘셉트에만 해당하는 얘기가 아니다. 어떤 땐 신선한 출연자가 반향을 일으키기도 하고, 어떤 땐 기존에 보지 못했던 화면 연출이나 자막 등으로 인해서도 인기를 끌기도 한다. 새로운 것은 언제나, 당연히, 늘 소구력이 있다.

자기소개서를 작성할 때도 이 사실을 잊지 말자.
새로워야 한다는 것 말이다.

앞서 스토리텔링을 위한 에피소드를 간추리고, 밑그림을 대략 그려 봤다면 '나의 이야기는 다른 지원자들과 어떤 부분이 달라 보일까? 혹은 어떤 점이 새롭게 느껴질까?'에 대한 질문을 스스로에게 계속 던져 보고, 곱씹어 봐야 한다. 그런데 문제는 자신의 에피소드는 모두 다 소중하기 때문에 모두 특별하게 느껴진다는 것이다. 그래서 '나'의 이야기지만 객관적으로 바라보려는 노력이 필요하다.

몇 가지 체크리스트를 정리해 보자.

첫째, 남들 모두에게 적용하는 진부한 장점을 썼는가?

열정적이다, 긍정적이다, 부지런하다, 밝다, 이런 종류의 장점은 뻔하디, 뻔하다. 남들 다 떠올리는 장점이 아닌 '나만의 장점'을 찾아내서 쓰자. 물론 열정적, 긍정적, 부지런함, 밝음도 좋은 장점은 맞다. 단, 이런 장점을 쓴다면 독특한 에피소드와 엮어서 이 점이 드러나게 하자.

둘째, 모두 비슷하게 겪었던 에피소드인가?

여러분 주변의 친구들, 비슷한 또래가 대부분 경험했던 일들, 그래서 여러분 이름이 아니라 철수, 영희… 이렇게 다른 이름으로 바꿔도 무방할 것 같은 일들은 과감히 삭제하라. 그리고 나만의 특별한 에피소드를 찾는 데에 집중, 또 집중하길 바란다.

🙍 언니의 한마디!

☞ 진부함, 뻔함, 드라마 클리셰 같은 이야기들은 모두 휴지통에 버리고, 싹 비우시길!

07

'스토리' 매력적으로
포장하기

똑같은 이야기도 재미있게 말하는 사람이 있고, 무미건조하게 말하는 사람이 있다. 이건 입담의 차이다. 자기소개서의 스토리도 그렇다. 비슷한 경험담인데도 어떤 지원자의 내용은 흥미롭고, 또 다른 지원자의 내용은 따분하게 느껴진다. 그건 스토리를 얼마나 매력적으로 포장했는지에 따라 보이는 차이점이다.

어느 인사담당자가 말하길 흥미를 뚝 떨어트리는 에피소드들이 있다고 했다. 그것은 누구나 다 경험할 만한 뻔하고 뻔한 스토리들이라는 것이다. 가령 '대학 때 아르바이트하느라 고생했다. 하지만 젊어서 고생은 사서 하는 것이기에 값지다.' 이런 류의 이야기들은 결말이 바로 예상되기 때문에 진부하다는 것이다. 그래서 비슷한 종류의 이야기라도 '특별함'과 '흥미진진함'이란 양념을 가미해 맛깔스럽게 요리해야 한다.

아래의 에피소드는 각각 다른 두 사람이 미국에서 겪은 '유학 생활 아르바이트 경험담'이다.

*

1) 미국 유학을 갔을 때 5월 보스톤 공항 한 발자국을 내디디는데, 봄인데도 칼바람이 불었다. 홀로 낯선 땅에 유학 온 두려움과 외로움이 칼바람에서 느껴지는 순간이었다. 그래도 마음을 다잡고 공항버스를 탔는데, 3개월치 방값과 생활비를 잊어버린 사실을 알게 되었다. 안 잊어버리려고 점퍼 주머니에 넣어 두었는데, 오히려 공항에서 짐을 정신없이 찾다가 주머니에서 빠진 것이었다. 그때부터 고생 시작이었다. 밥값을 줄이려고 베이글 하나를 삼등분해서 먹으며 버티기 일쑤였고, 차비를 아끼려고 학교까지 왕복 3~4시간 거리를 매일 걸어다녔는데, 튼튼하기로 소문난 닥터마틴 워커의 밑창이 3개월 만에 떨어져 나갔다. 그럼에도 불구하고 그 시간이 소중했다. 걸어다니는 사람이 아무도 없어서 오히려 걸어다니면서 학교 수업 내용을 중얼거리며 복습할 수 있었다. 또 걸어다니니까 가을 길, 가을 날씨 등 새와 나무, 그 자연이 얼마나 아름다운지를 바라보는 눈이 생겼다. 그래서 이삿짐 나르기, 개 목욕시키기, 식당 설거지 등 궂은 아르바이트를 했지만, 지치지 않을 수 있었다.

*

  2) 집 형편이 어려워서 한국에서 2년 동안 아르바이트를 하고 돈을 모아서 드디어 꿈에 그리던 미국에 유학을 갔다. 하지만 미국의 집세가 만만치 않아서 아르바이트를 해서 모든 걸 충당하기엔 턱없이 부족했다. 그러던 와중에 지인이 미국의 백만장자 할머니 댁에서 아르바이트를 할 수 있도록 주선해 주었다. 그건 '할머니가 넘어지면 일으켜 주는 일'이었는데, 심지어 할머니 댁에서 숙식까지 다 해결할 수 있는 좋은 조건의 아르바이트였다. 할머니네 주소를 찾아 집 앞에 도착한 순간 너무 놀라 입이 쩍 벌어졌다. 영화에서나 나올 법한 대저택이었기 때문이다. 그곳에서 일하는 동안 부유한 미국인들의 파티가 수시로 열렸다. 그들 모두 상상할 수 없는 정도의 재산을 가진 상류층 사람들이었지만, 부럽지 않았다. 그들 사이에서 벼룩시장에서 산 2달러짜리 가방을 들고 있는데도 부끄럽지도 않았다. 넉넉지 못한 환경이었음에도 불구하고 부모님께서 늘 따뜻한 사랑을 주신 덕분에 마음에 결핍이 없어서 그럴 수 있었다고 생각한다.

*

  다음 이야기도 미국 유학 생활기인데, 이것은 카이스트 산업디자인학과의 배상민 교수의 경험담이다. 그가 미국 파슨스디자인스쿨에서 유학할 당시의 에피소드다.

*

3) 베스트 프렌드 생일이 다가오는데 마땅히 선물 살 돈이 없었다. 그래도 의미 있는 선물을 주고 싶어 고민한 끝에 생일 이벤트 아이디어가 떠올랐다. 그 친구 사진을 한 장 구해서 200장 복사를 했다. 그리고 생일 전날 밤에 그 친구 기숙사에서 학교까지 가는 길목에 사진과 함께 "오늘 이 사람 생일입니다. 축하해 주세요."라고 써 붙였다. 드디어 생일날 아침, 그 친구가 등교하는데 온 동네 사람들이 "해피 버스데이 맨~~~"하고 축하해 주기 시작했다. 그 친구에겐 평생 잊지 못할 특별한 생일날이 된 것이다. 이 기발한 이벤트는 친구를 위한 진심에서 나온 아이디어였고, 그 비용은 복사비 단돈 2만원이었다.

*

어떤가? 세 개의 스토리 모두 '미국 유학 생활 중 경험한 에피소드'다. 주제 카테고리는 비슷하지만, 구체적인 상황도 다르고, 각각의 이야기마다 주인공들이 느낀 마음, 깨달음도 다르다. 공통점은 세 명의 경험담이 모두 흥미롭다는 것인데, 그 이유는 스토리를 매력적으로 포장했기 때문이다.

그래, 스토리를 매력적으로 포장하는 것, 아주 좋은 말이다. 그런데 대체 뭘 어떻게 해야 매력적으로 포장할 수 있을까? 답답하실 것이다. 바로 정리 들어간다.

첫째, 에피소드를 이미지화 시켜라.

에피소드를 이야기할 때 상황을 구체적으로 묘사하라는 것이다. 그래서 인사담당자가 자기소개서를 읽는 순간 그의 머릿속에 '그림이 그려지도록' 써야 한다. 위의 세 개의 에피소드를 보면 글이지만 마치 영화처럼 그 상황들이 머릿속에 떠오른다. 이렇게 생생하게 표현할 때 드라마틱한 효과를 보일 수 있다. 흥미로움이 배가 된다는 사실!

둘째, 솔직함을 넣어라.

흔히들 착각하는 것 중 하나는 '성공담'만 써야 한다고 생각한다는 사실이다. 그러나 어려운 이야기, 실패한 이야기, 좌절한 이야기 등 다소 부끄러운 이야기를 살짝 공개하는 게 오히려 좋다. 사람은 누구나 어렵고 힘든 이야기에 먼저 마음을 열게 되어 있다. 그러나 거기서 끝이 아니라 그 일을 통한 '극복기'가 드러날 때 공감을 얻을 수 있다. 그래서 부끄러운 이야기라고 숨기지 말고, 솔직하게 드러내라.

셋째, 진정성을 살려라.

누군가는 어떤 일을 겪고 나서 '아, 이런 일을 겪었네'에서 끝나는 반면 또 다른 누군가는 '이런 일을 겪으면서 내가 이런 걸 배웠구나' 하고 의미를 찾기도 한다. 이것이 진정성을 느끼게 하는 포인트다. 우리의 인생은 수많은 경험으로 이루어진다. 그러나 그 경험을 물처럼, 바람처럼 그저 지나가는 한 번의 일로 스쳐 보내면 그걸로 끝, 그래서 경험한 시간마저 아까울 수 있다. 하지만 어떤 경험이든 간에 그 일을 통해 무엇인가를 배우고, 깨닫고, 가치관을 정립한다면 스스로를 성장시키는 귀한 원동력이 된다. 그래서 어떤 스토리를 적은 후, 이로 인한 깨달음을 꼭 적어 주자. 그러면 진정성이 자연스럽게 묻어난다.

08

모든 스토리의 귀결은
'깔때기'처럼 한 방향으로!

동료 작가들끼리 '깔때기 토크'라는 용어를 자주 사용한다. 깔때기는 다들 아시다시피 입구가 좁은 병에 꽂아 놓고 액체를 붓는 데 쓰는 나팔 모양의 기구다. 윗부분은 넓지만, 아래로 갈수록 좁아져서 한곳에 모이도록 만들어졌다. 여기서 따온 용어로 '아무리 다른 소재로 이야기하더라도 무조건 결론을 똑같이, 하나의 방향으로 몰아가는 토크'를 '깔때기 토크'라고 지칭했다.

용어는 다소 낯설지 몰라도 사실 일상생활에서 흔히들 보이는 대화 형태라고 할 수 있다. 어떤 뉴스에 대해 얘길 하다가도 가장 관심 있는 이야기(가령 취업 정보)로 흘러가고, 동창생 소식을 전하다가도 또 관심 있는 이야기(또 취업 정보)로 빠지고, 아르바이트 얘길 하다가도 또또 관심 있는 이야기(또또 취업 정보)로 이어질 때가 있지 않은가. 여러분이 이해하기에 가장 쉬운 예시는 바로 '라떼 이즈 홀스(Latte is horse)'다. 어떤 이야기로 시작하더라도 무조건 결론은 '나 때는 말이야'로 마무리되는 대화 역시 일종의 '깔때기 토크'라고 할 수 있겠다.

'뜬금없이 왠 깔대기 토크냐?' 싶을 것이다. 이리도 장황하게 설명하는 이유는 이런 '깔때기 토크'야말로 자기소개서에 꼭 필요한 요건이기 때문이다. 물론 '라떼 이즈 홀스'를 하라는 게 아니라 자신에 대한 스토리텔링을 구상하고 나서 꼭 짚어야 할 핵심은 바로 '깔때기 토크' 방식으로 '하나의 방향'으로 몰아가야 한다는 것이다. '하나의 방향이라니? 어라, 이건 또 무슨 얘기…?' 질문을 던지시겠지만, 여기서 잠깐! 답은 잠시 뒤로 하고, 먼저 영화나 드라마를 생각해 보자.

영화나 드라마를 보면 수많은 이야기들이 주인공을 중심으로 방대하게 펼쳐진다. 울다 웃다, 심장이 쪼였다가, 실망했다가, 통쾌했다가, 안타까웠다가 등등 온갖 에피소드들이 나오지만, 결국 마지막엔 하나의 결론으로 마무리된다. 추리나 스릴러물의 결론은 범인을 찾는 것으로, 액션물의 결론은 나쁜 녀석을 응징하는 것으로, 로맨틱물의 결론은 남녀 주인공이 사랑을 맺는 것으로, 복수극은 용서와 화해로 말이다. 스토리 중간에 나오는 수많은 사건과 사고들은 모두 결론으로 가기 위한 포석이라는 얘기다. 즉, 기승전결 구도로 흘러가야 한다.

자기소개서 역시 그렇다. '나'란 사람이 누구인지에 대해 스토리텔링 하는 목적은 결국 하나의 결론을 보여 주기 위해서다. 그 결론은 바로 '업무 적합성, 업무 수행 능력'이다.

자기소개서에서 '나'란 사람에 대해 애써 스토리텔링을 만든 이유는 지원하는 회사에 입사하기 위해서다. 철저하게 인사담당자에게 보여 주기 위한 소개글이다. 그러니 인사담당자는 지원자가 자소서에 적은 스토리를 보면서 '이런 사람이라면 우리 회사의 업무에 잘 맞겠다, 아니다.'를 판단하게 된다. 그래서 자신의 스토리텔링을 그럴듯하게 만드는 것도 중요하지만, 그 스토리를 통해 '이 회사의 업무를 제대로 수행할 능력을 갖춘 사람'이란 사실이 자연스럽게 어필되어야 한다는 것이다.

음, 이 지원자는 ○○한 특징이 돋보이니 탐나네~!
○○한 능력이라면 우리 회사에서 아주 일 잘하겠구만~!

이런 마음이 들도록 해야 한다는 것이다. 지금까지 '나'에 대한 스토리텔링을 하기 위해 여러 가지 구체적인 방법들을 제시했다. 그것이 무조건 '나'란 사람을 화려하고, 그럴듯해 보이도록 포장하라는 이야기가 아니다. 스토리텔링의 마지막 방향성은 '업무 적합자'와 '업무 수행 능력자'가 예상되는 것으로 깔때기처럼 몰아가야 한다.

자기소개서는 전 생애에 걸친 자기 이야기를 하는 게 아니다.
회사에 필요한 인재라는 사실에 맞춤형으로 써야 한다.

이쯤에서 아주 오래전, 내가 작가로 막 입문한 지 얼마 안 되었을 때 작가 선배가 들려준 일화를 소개하련다. 선배가 아주 열악한 환경의 농촌에 촬영 갔을 때 이야기였다. 소품으로 바둑판이 꼭 필요했는데, 서울에서 실수로 빠트리고 가는 바람에 촬영팀이 당황을 했다고 한다. 문제는 촬영시간이 깜깜해진 밤이라 가게들은 이미 문을 닫아서 구입할 수도 없었다. 당시 근처 마을 사람들에게 수소문해도 바둑판을 가진 집이 없었다. PD랑 선배 작가는 결국 바둑판이 필요한 촬영 부분을 그냥 빼기로 결정했다. 그런데 막내 작가가 다른 촬영 먼저 하고 있으면 어떻게든 바둑판을 구해 보겠다고 하더란다. 선배 작가, 살짝 고민 끝에 밑져야 본전이니 '그럼 한번 구해 봐라'라고 미션(?)을 던지고 기다렸단다. 물론 못 구해도 어쩔 수 없다고 생각하면서. 그런데 한 시간이 지난 후, 막내 작가가 바둑판을 가지고 당당히 등장하더란다. 대체 어디서 바둑판을 구한 걸까? 막내 작가의 대답은 이랬다. 밤에 불 켜진 곳을 생각하니 경찰서가 떠오르더란다. 그래서 읍내 파출소를 찾아갔고, 정말로 그곳에 바둑판이 있었다. 그 결과 경찰차까지 편하게 얻어 타고 당당히 귀환한 것이었다. 이 이야기를 하면서 선배가 했던 말이 지금도 생생하다.

"그 아이, 이미 촬영 접자, 결정했는데도 자기가 구하겠다고 했잖아. 정말로 사막에 난로 팔고, 북극에 에어컨 팔 수 있는 능력자야. 게다가 밤에 불 켜진 경찰서를 떠올렸다? 와, 정말 임기응변에도 능하지 않냐? 그 애는 무슨 일을 하든 성공할 거야."

자기소개서의 스토리텔링은 이렇게 '자신의 업무 능력'이 돋보이도록 마무리해야 한다는 것이다. 무조건 업무 수행력, 업무 능력에서 어떻게든 빛을 발할 수 있다는 사실로 귀결되도록 포부를 쓰자!

깔때기 귀결 방향은?

〈 업무 능력 / 업무 수행력 / 포부 〉

이러한 것들이 돋보이도록!

🙍 언니의 한마디!

☞ 자소서 스토레텔링을 대략적인 아웃라인을 잡고 써보자.
그 후 살펴보면서 이걸 꼭 체크해 봐야 해.

['일'을 잘 할 것 같이 느껴진다? VS.
'일'은 잘 모르겠고, 그냥 괜찮은 사람으로 느껴진다.]

중요한 건 '일'의 능력이다.
단순히 괜찮은 사람에서만 끝난다면, 어떻게든 '업무 능력자'로 보이도록 '깔때기'를 통과시켜라.

'첫눈'에 꽂히는 자소서 작성하기

길라잡이:
자소서의 첫인상이
당락을 결정한다

보통 3초! 길면 7초!

이게 무슨 말일까요? 바로 누군가에게 사랑에 빠지는 시간이라고 합니다.

미국 펜실베니아대 심리학과 로버트 크루즈반 교수가 흥미로운 실험을 했대요. 남녀 10,526명의 참가자들을 남녀 스물다섯 명씩 짝을 지어 3분씩 만나게 한 뒤, 각자 교제하고 싶은 상대를 선택하라고 했답니다. 놀라운 사실은 참가자 중 대부분이 3초 만에 결정을 내렸다고 해요. 그리고 길어도 7초면 누군가에게 첫눈에 반하는 마법 같은 일이 벌어진다는 것이죠.

이건 자기소개서의 첫인상에서도 마찬가지랍니다. 인사담당자들은 적어도 수십 개, 많게는 수천 개의 자기소개서를 읽게 되죠. 기업마다 지원자가 워낙 많아서 인사담당자가 자기소개서를 훑어보는 시간은 채 1분도 안 된다고 합니다. 그렇기 때문에 글자 하나하나를 꼼꼼하게 씹어 가며 '정독(精讀)'하기란 물리적으로도, 심리적으로도 어렵죠. 이 짧은 순간에 승부를 걸어야 합니다. 일단 자기소개서 예선전을 거쳐야만 면접의 기회를 얻을 수 있죠.

그럼 예선전은 어떻게 할까요? 일단 속독(速讀)으로 쭉, 한번 훑어보면서 탈락행과 본선행을 가르죠. 마치 '7초의 첫인상 법칙'처럼 말이죠. 첫눈에 사랑에 빠지듯 자기소개서 또한 첫눈에 들어오는 걸 선택합니다. 내용이 정말 좋은데도 불구하고, 본선행의 기회가 물거품처럼 사라진다면 얼마나 가슴 아픈 일일까요?

그래서 이번 장에선 '첫눈'에 인사담당자를 반하게 하는 자기소개서 작성법에 대해 짚어 보려고 합니다. 우리는 앞에서 '나라는 인물'에 대해 스토리텔링하는 기초적인 방법론을 정립했어요. 그런데 아무리 스토리텔링을 기가 막히게 잘 설계하고도 막상 자기소개서 작성에서 중구난방으로 정리하면 인사담당자에겐 좋은 첫인상을 줄 수 없답니다.

과연 어떻게 하면 인사담당자의 마음을 단번에 사로잡는 자기소개서를 작성할 수 있을까요?

궁금한 여러분, 바로 다음 페이지로 넘겨주세요.

이제부터 시작합니다. :)

01

'스토리텔링'을 바탕으로 '플롯'을 짜라

'신데렐라'는 코흘리개 아이도 다 아는 유명한 동화다. 줄거리가 뭐냐고 물어보면 한 치의 막힘도 없이 줄줄줄 읊으실 것이다. 바로 아래처럼.

*

신데렐라 줄거리

#1. 귀족의 딸인 신데렐라는 엄마 없이 자랐는데, 그녀의 아버지는 이런 신데렐라가 안쓰러워 두 딸을 데리고 있는 미망인과 재혼했다.

#2. 사악한 성품을 가진 계모는 신데렐라의 아버지가 갑자기 사망하자 모든 재산을 가로채고, 신데렐라를 하녀로 만들어 버린다.

그러나 천성이 착한 신데렐라는 쥐의 무리, 축사의 가축들, 새와 개 등과 친구가 되어 지낸다.

#3. 한편 왕은 왕자비를 간택하기 위해, 전국의 모든 처녀들을 왕국에 초대하는 무도회를 기획한다. 신데렐라도 이 소식을 듣고 무도회에 참석하고 싶었지만, 사악한 계모는 감당하기 힘들 정도로 많은 일감을 그녀에게 떠안기며 참석하지 못하도록 방해한다.

#4. 이런 상황에 실망한 신데렐라. 하지만 이때 그녀의 대모 요정이 나타나 마법을 부려 호박을 마차로, 동물을 말과 마부로 변신시킨다. 또한 신데렐라에게 아름다운 드레스를 선물해, 그녀는 무도회에 극적으로 참석하게 된다. 단 "12시가 지나면 마법이 풀린다"는 경고와 함께.

#5. 왕자는 아름다운 신데렐라의 모습을 보고 첫눈에 반한다.

#6. 그러나 시계 바늘이 마법이 풀리는 12시 직전을 가리키자, 신데렐라는 왕자에게 작별 인사도 못 하고 유리구두 한 짝을 남겨 둔 채, 서둘러 왕궁을 빠져나오게 된다.

#7. 다음 날 아침, 왕궁의 병사들은 유리구두의 주인을 찾기 위해 집집마다 방문한다.

#8. 신데렐라의 집에도 왕궁의 병사들이 방문하지만, 계모는 신데렐라가 유리구두의 주인임을 눈치채고, 그녀를 방에 가두어 버린다.

#9. 하지만 동물 친구들의 도움으로 신데렐라는 가까스로 탈출하게 되고, 유리구두를 신어 보게 된다.

#10. 며칠 후, 왕궁에서 신데렐라와 왕자의 성대한 결혼식이 열린다.

*

오랜만에 어린 시절의 추억을 새록새록 떠올리시라고 '신데렐라' 줄거리를 적은 게 아니다. 갑·분·줄(거리)을 읊은 건 여러분에게 스토리와 플롯의 차이를 알려 주기 위해서다.

이쯤에서 먼저 짚고 갈 것!

〈 줄거리 = 스토리 〉

그렇다. 줄거리는 곧 스토리다. 이 공식을 외워라. 우리가 흔히들 스토리, 스토리라고 말하는 그 스토리. 그것은 곧 줄거리다. 그래서 줄거리는 대체적으로 '시간 순서대로' 정리가 된다.

그럼 플롯은 무엇일까? 분명 학창시절 국어시간에 많이 들었던 말이긴 한데, 막상 설명하라고 하면 막연하게 뭉뚱그리게 될 것이다. 간단하게 풀어 보면 플롯이란 스토리를 재구성하는 것이다. 왜 스토리를 재구성할까? 이런 의문이 떠오르실 분들이 계실 것이다.

아주 직관적으로 쉽게 설명하자면 그건 '극적 효과'를 위해서다. 신데렐라를 애니메이션으로 제작한다면, 관객들에게 기대감과 긴장감을 선사하기 위해 드라마틱하게 이야기를 만들 것이다. 이 효과를 위해서 다시 신데렐라의 줄거리를 플롯으로 다시 만들어 보겠다. (쉽게 이해할 수 있도록 줄거리의 넘버링은 그대로 두고 순서만 재배치했다.)

*

신데렐라 플롯

#5. 왕자는 아름다운 신데렐라의 모습을 보고 첫눈에 반한다.

#6. 그러나 시계 바늘이 마법이 풀리는 12시 직전을 가리키자, 신데렐라는 왕자에게 작별 인사도 못 하고 유리구두 한 짝을 남겨둔 채, 서둘러 왕궁을 빠져나오게 된다.

(음악과 함께 시작되는 신데렐라 이야기)

#2. 사악한 성품을 가진 계모는 신데렐라의 아버지가 갑자기 사망하자 모든 재산을 가로채고, 신데렐라를 하녀로 만들어 버린다. 그러나 천성이 착한 신데렐라는 쥐의 무리, 축사의 가축들, 새와 개 등과 친구가 되어 지낸다.

(회상 장면)

#1. 귀족의 딸인 신데렐라는 엄마 없이 자랐는데, 그녀의 아버지는 이런 신데렐라가 안쓰러워 두 딸을 데리고 있는 미망인과 재혼했다.

(다시 현실)

#3. 한편 왕은 왕자비를 간택하기 위해, 전국의 모든 처녀들을 왕국에 초대하는 무도회를 기획한다. 신데렐라도 이 소식을 듣고 무도회에 참석하고 싶었지만, 사악한 계모는 감당하기 힘들 정도로 많은 일감을 그녀에게 떠안기며 참석하지 못하도록 방해한다.

#4. 이런 상황에 실망한 신데렐라. 하지만 이때 그녀의 대모 요정이 나타나 마법을 부려 호박을 마차로, 동물을 말과 마부로 변신시킨다. 또한 신데렐라에게 아름다운 드레스를 선물해, 그녀는 무도회에 극적으로 참석하게 된다. 단 "12시가 지나면 마법이 풀린다"는 경고와 함께.

#5. 왕자는 아름다운 신데렐라의 모습을 보고 첫눈에 반한다.

#6. 그러나 시계 바늘이 마법이 풀리는 12시 직전을 가리키자, 놀란 신데렐라는 왕자에게 작별 인사도 못 하고 유리구두 한 짝을 남겨 둔 채, 서둘러 왕궁을 빠져나오게 된다.

#8. 신데렐라의 집에도 왕궁의 병사들이 방문하지만, 계모는 신데렐라가 유리구두의 주인임을 눈치채고, 그녀를 방에 가두어 버

린다.

(#8.이 일어난 이유)

#7. 다음 날 아침, 왕궁의 병사들은 유리구두의 주인을 찾기 위해 집집마다 방문한다.

#9. 하지만 동물 친구들의 도움으로 신데렐라는 가까스로 탈출하게 되고, 유리구두를 신어 보게 된다.

#10. 며칠 후, 왕궁에서 신데렐라와 왕자의 성대한 결혼식이 열린다.

＊

이제 이해되셨는가?

플롯은 스토리를 더 '재미있고, 흥미롭고, 긴장되고, 기대감 넘치도록' 다시 재구성하는 것이다.

다시 공식을 정리해 보겠다.

〈 스토리 : 시간 순서대로 줄거리를 나열하는 것 〉
〈 플롯: 시간 순서와 관계 없이 극적인 사건 / 내용부터 먼저 공개하는 것 〉

스토리와 플롯, 이 둘의 차이를 명학하게 이해하셨는가?

그렇다면 이제!
앞서 챕터1. 기초편에서
여러분들에 대해 스토리텔링한 것을 플롯으로 재구성하는 작업
에 들어가야 한다.

다음은 자기소개서에서 지원동기를 작성한 부분이다.

*

부모님께서 아파트 상가에서 토스트 가게를 운영하셨습니다. 초반엔 장사가 잘되었지만, 어느 순간부터 손님이 뜸해지기 시작했습니다. 그 이유 중 하나가 초등학생들은 야채 토핑을 싫어하고, 어르신들은 단맛 소스를 별로 좋아하지 않는 등 연령에 따라 선호하는 맛이 다르다는 점이었습니다. 경영학 전공인 저는 시장조사와 소비자 분석의 필요성을 실감하고, 손님들에게 토핑과 소스에 대한 설문조사를 실시했습니다. 이 결과를 바탕으로 토핑을 선택할 수 있도록 하고, 소스도 단맛, 짠맛, 매운맛으로 세분화해 분류하였습니다. 동시에 소스 맛에 어울리는 음료수를 세트로 구성해 함께 판매했습니다. 이후, 가게 월 매출이 그전에 비해 두 배가량 월등히 상승했습니다. 이런 경험을 통해 고객의 니즈(needs)를 정확하게 파악하는 것이 매출 상승에 중요한 요인이라는 걸 몸소 체험하면서 마케팅 부서에 지원하였고, 이곳에서 저의 역량을 발휘하고 싶습니다.

*

지금 위 내용은 팩트에 기반해 시간 순서대로 나열해 놓았다. 물론 잘 작성한 내용이다. 그러나 문제는 자세히 읽으면 고개를 끄덕이는 긍정적인 반응이 나오지만, 그것만으론 부족하다. 딱 보자마자 '읽고 싶게 만들어야' 한다. 즉 한눈에 꽂히도록 써야 한다는 것이다.

다시 정리해 보자.
위의 글은 스토리다.
그런데 이걸 플롯으로 재구성해서 극적효과를 높여야 한다는 것이다.

이걸 위해, 이제부터 몇 가지 글쓰기 스킬이 들어갈 것이다. 이 스킬은 바로 다음 장부터 차례대로 짚어 볼 예정이다. 준비됐는가? 그럼 다음 페이지로, 넘어가 보자.

🙎 언니의 한마디!

☞ 밋밋한 스토리에서 임팩트 있는 플롯으로?

이렇게 재구성하는 기술은 달랑 하나가 아니라 여러 개다.
앞으로 짚어 볼 부분들을 잘 메모하며, 잘 습득해 보자.

02

광고 카피처럼
헤드라인을 뽑아라

순간의 선택이 10년을 좌우합니다. (LG전자)

남자는 여자 하기 나름이에요. (삼성전자)

부자 되세요! (BC카드)

소리 없이 세상을 움직입니다. (포스코)

침대는 가구가 아닙니다. 과학입니다. (에이스침대)

니들이 게 맛을 알아? (롯데리아)

이게 그냥 커피면, 이게 TOP야. (맥심 TOP)

보는 순간, 아하, 하고 무릎을 탁, 치실 분들이 많으시리라. 한 시대를 풍미했던 광고의 카피 문구들이다. 수십 년이 지났는데도 사람들 뇌리에 깊이 박혀 있다는 사실만 보아도 이 문구들이 얼마나 잘 만들어졌는지 알 수 있다. 이렇게 강력한 문구 하나가 기업이나 제품의 이미지를 확 바꾸며 매출에도 영향을 미친다.

그렇다면 어떤 점 때문에 이 카피 문구들이 히트를 친 것일까?

첫째, 광고하려는 제품에 대해 군더더기 없는 한마디로 쉽게 전달한다.

"니들이 게 맛을 알아?"란 멘트를 듣는 순간, '아하, 햄버거가 게 맛이라는 거네? 독특한데?' 이런 생각이 든다. 즉, 직관적이라는 것이다.

둘째, 감성을 자극한다.

삼성전자의 "남자는 여자 하기 나름이예요."라는 문구는 가전제품을 사용하는 주부들의 마음을 흔들었다. 그렇지, 남편은 아내 하기 나름이잖아, 하는 심리를 자극했다는 얘기다. 한마디로 말해, 마음을 움직인다는 얘기다.

셋째, 같은 종류의 제품들과 차별화가 보인다.

"침대는 가구가 아닙니다. 과학입니다"라는 문구는 기존에 침대란 침실을 차지하는 거대한 가구란 이미지를 탈피했다. 그저 보기 좋은 가구가 아니라 건강한 허리를 받쳐줌과 동시에 숙면에 영향을 미치는 매트리스의 과학에 대해 짚어 주면서 다른 가구회사의 침대와 차별화를 시켰다. BC카드의 경우도 마찬가지다. 신용카드의 본질은 사실 다음 달이면 빠져나가야 하는 '빚' 아닌가. 그래서 신용카드를 무분별하게 계획 없이 사용하다 보면 신용불량자가 되기 십상이다. 그런데 '부자 되세요'라는 카피 문구는 이러한 신용카드에 대한 부정적인 인식을 덮어 버렸다. 새로운 관점을 제시한 게 아닌가.

자, 바로 이것이다. 자기소개서에서도 이런 카피 문구의 스킬을 적용시켜야 한다.

〈길라잡이: 자소서의 첫인상이 당락을 결정한다〉에서 얘기했듯이 자기소개서는 사람의 첫인상과 같다. 인사담당자들은 자기 어깨 높이만큼 쌓인 자기소개서들을 입에 단내 날 정도로 보고 있다. 마치 컨베이어 벨트 앞의 AI 로봇처럼 머릿속에 입력된 대로 '보고 또 보고' 1차 탈락자들을 걸러 내고 있다는 얘기다. 어떻게? 아직 잊지 않으셨으리라. 여기선 절대로 '정독'하지 않은 채로. 그저 한눈에 주르륵 스캔하면서 말이다. 원래 사람이란 적응의 동물이라는 거, 다들 아실 것이다. 계속 반복된 업무를 하다 보면 그에 딱 맞게 최적화된다. 다시 말해 '굳이' 꼼꼼히 읽어 보지 않아도 한 방에 스캔이 된다는 말씀.

헉! 2박3일 밤새 머리 쥐어뜯으면서 고민한 내 자소서를 어떻게 그럴 수 있어?

억울하신가? 그래도 어쩔 수 없다. 이것이 현실이다. 슥~ 한 번만 봐도 척척 걸러진다는 것이다. 한마디로 정의하자면, 자소서 걸러내기 달인이라고나 할까.

그래서!
지금부터 밑줄 쫙~ 그으셔라.
중요한 것은 바로 단락의 소제목, 헤드라인을 기막히게 써야 한다
는 것이다.
바로 광고 카피 문구처럼.

'나'를 광고한다고 생각해 보자. 그리고 앞의 광고 카피 문구의 핵심 사항에 맞춰 응용하면 된다. 다음의 '헤드라인 뽑기' 표에 있는 구체적인 예시를 보면, 더 쉽게 이해될 것이다.

내용	헤드라인 달기
첫째, 광고하려는 제품에 대해 군더더기 없는 한마디로 쉽게 전달한다.	

"내 사전에 불가능은 없다"는 나폴레옹의 말은 저에게도 해당합니다. 저는 어린 시절부터 지금까지 제게 주어진 모든 일을 무조건 다 해냈습니다. 물론 잘 안 될 때도 있고, 포기하고 싶을 때도 있지만, 결과가 안 좋더라도 무조건 끝까지 해서 '마침표는 찍자'는 정신으로 합니다. 이런 자세는 제게 습관이 되었습니다. 입사한다면 제게 어떤 일이 주어지든 끝까지 해낼 자신이 있습니다.	〈안 되는 것도 되게 하는 '마이다스의 손'〉 "내 사전에 불가능은 없다"는 나폴레옹의 말은 저에게도 해당합니다. … 입사한다면 제게 어떤 일이 주어지든 끝까지 해낼 자신이 있습니다.

둘째, 감성을 자극한다.	

사람들은 제가 타인이 마음을 공감하고 열어 주는 특별한 능력이 있다고 말합니다. 그것이 빛을 발한 것은 신입생 후배들에게서였습니다. 후배들이 학생회에 적응하지 못하고 선배들과도 어색하게 지낼 때였습니다. 당시 다른 학교와의 심포지엄이 있었는데, 제대로 준비하지 못하고 힘들어할 때, 제가 침낭을 메고, 학생회실로 찾아갔습니다. 저의 침낭을 보고 후배들이 웃더군요. 이후, 밤새 아이들과 머리를 맞대고 아이디어를 내서 심포지엄 준비를 끝마칠 수 있었습니다.	〈사람의 마음을 사로잡은 나만의 비법!〉 사람들은 제가 타인이 마음을 공감하고 열어 주는 특별한 능력이 있다고 말합니다. … 이후, 밤새 아이들과 머리를 맞대고 아이디어를 내서 심포지엄 준비를 끝마칠 수 있었습니다.

	셋째, 같은 종류의 제품들과 차별화가 보인다.
저는 갈등을 화합하는 능력이 탁월합니다. 그래서 어느 모임이든 항상 웃음을 만들고, 그로 인해 늘 리더로 뽑히게 되었습니다.	**〈모든 싸움은 내 손 안에! '갈등 조정 능력자'〉** 저는 갈등을 화합하는 능력이 탁월합니다. 그래서 어느 모임이든 항상 웃음을 만들고, 그로 인해 늘 리더로 뽑히게 되었습니다.

[표] 헤드라인 뽑기

어떤가? 같은 내용이라도 서술형으로 죽 적는 것보단 헤드라인으로 핵심 문구를 요약해 주면 긴 내용을 읽지 않아도 핵심 내용이 한눈에 보이지 않는가. 이것이 바로 인사담당자를 첫눈에 반하게 만드는 요령이자 전략이다.

여러분 자신에 대해 강조하고 싶은 내용들이 정리되었는가? 그렇다면 지금 당장 아래 표에 대략적인 내용을 서술하고, 그 옆 칸엔 헤드라인을 뽑아서 정리해 보자. 실행하는 순간, 몸으로 체득이 되면서 어떻게 하면 되는지, 그 요령이 머릿속에 저절로 정리가 될 것이다. 롸잇 나우!

내용	헤드라인 달기

[Exercise] **여러분의 헤드라인을 달아 보세요.**

😊 언니의 한마디!

☞ 자소서 단락마다 붙이는 소제목(헤드라인)은 유튜브 썸네일과 같다.

썸네일이 땡겨야 그 영상을 클릭하지 않는가?
자소서 간판(소제목)이 땡기는 순간
인사담당자가 여러분의 서류를 본선으로 진출시킬 것이란 사실!
꼭 명심하시길~~~ :)

03

나에 대한
'호기심'을 자극하라

호기심(好奇心): (명사) 새롭고 신기한 것을 좋아하거나 모르는 것을 알고 싶어 하는 마음.

호기심이라는 단어에 대한 사전적 의미이다. 우리 삶의 수많은 일들은 호기심이란 감정으로부터 비롯된다고 해도 과언이 아니다. 정말 그런지 몇 가지 상황을 짚어 볼까?

◈ 두 사람이 속닥거리는 모습을 보면, 호기심 때문에 엿듣고 싶어진다.

◈ 어떤 이성에게 호기심이 생기는 순간부터 그 / 그녀에게 어떻게 다가갈까, 하는 고민이 시작된다.

◈ 사람들이 모여 있으면, 무슨 일이 있나, 호기심 때문에 그 틈을 비집고 들어가 구경한다.

◈ '절대 열어 보지 마시오!'라는 문구가 적힌 상자를 보면, 호기심 때문에 더 열고 싶어진다.

◈ '비밀이라 말 못 해'라는 얘기를 들으면, 그때부터 알고 싶은 호기심에 미칠 지경이다.

◈ 4차원적인 행동을 하는 사람을 보면 '어떤 사람일까?' 하는 호기심이 샘솟는다.

우리 모두가 공감하는 상황들 아닌가. 그래서 호기심이라는 감정이 발동하는 순간부터 '어떤 상황'이 시작된다. 이것은 인류 역사에서도 마찬가지다. 아리스토텔레스는 "호기심이야말로 인간을 인간이게 하는 특성"이라고 주장했고, 아인슈타인은 "나는 천재가 아니다. 다만 호기심이 많을 뿐이다"라고 했으며, 월트 디즈니는 "호기심은 늘 새로운 길로 인도한다"고 말했다. 수많은 과학자, 철학자, 창작자들 모두 자기 분야에서 업적을 이룰 수 있었던 그 출발이 바로 호기심이란 얘기다. 그야말로 호기심이 오늘날을 만들었다고 해도 과언이 아니란 말씀.

이렇게 호기심을 장황하게 늘어놓는 이유, 그렇다, 여러분도 인사담당자의 호기심을 마구 자극하는 지원자가 되어야 한다는 걸 말하고 싶어서다.

수많은 지원자들의 그저 그런 자기소개서를 보다 보면 인사담당자들도 어느 틈에 심드렁해질 수 있다. 근무 태만하게 대충 일한다는 게 아니라 마음에 동요가 없어 감흥을 얻지 못해서 그렇다는 것이다. 그런 와중에 어떤 자기소개서를 봤는데, '어라? 이 지원자 뭐지? 너무 궁금하네?' 하는 생각이 드는 순간 눈빛이 반짝, 살아나며 작성한 내용을 유심히 들여다보게 된다. '심드렁'을 '반짝'으로 바꾸는 그 핵심은 '궁금함', 즉 호기심을 불러일으키는 인물이다. 여러분은 바로 그런 사람이 되어야 한다. 인사담당자의 마음에 '호기심 한 스푼'을 뿌려야 된다.

* 만약 여러분이 인사담당자라고 가정하고 다음을 보자.
다음은 어떤 사람의 자기소개서에서 자기를 소개하는 한 문장이다. 어떤 생각이 드는가?

예전에 어느 선배가 제게 이렇게 물어봤습니다. "넌 발가락에 충전기를 끼고 자냐?"
그리고 이 질문을 들은 주변 사람들 모두 "맞다, 맞아, 넌 딱 그렇다"라고 말했습니다.

스마트폰, 태블릿PC 등 충전을 시키는 전자제품은 수두룩하지만, 발가락을 충전시킨다는 소리를 처음 듣지 않았는가? 충전기를 발가락에 끼고 잔다? 이게 과연 어떤 걸 의미하는 걸까?
이 자기소개서의 다음 이야기는 이랬다.

왜냐하면 학과 행사로 몇 주 동안 일이 차고 넘쳐도, 또 시험공부로 밤을 거의 새워도, 또는 신입생 OT나 MT에서 거의 잠을 못 자도, 한두 시간만 눈을 붙이고 일어나면 완전히 100% 충전된 상태로 쌩쌩해지기 때문이죠. 제 에너지에 늘 사람들은 놀랬습니다. 아무리 피곤하고, 힘들어도 다음 날이면 언제 그랬냐는 듯이 회복이 됩니다. 이런 에너지는 귀사에서도 완벽하게 발휘할 것이라 확신합니다.

사실 뒤의 이야기가 지원자가 전하고 싶은 내용이다. 하지만 뒤의 이야기부터 장황하게 늘어놓는 건 별로 매력적이지 않다. 그런데 충전기에 발가락을 끼고 잔다고? 이게 무슨 말이지? 인사담당자가 이런 호기심이 유발될 때 비로소 뒤 단락의 내용을 읽어 보게 된다는 것이다. 앞에서부터 계속 강조하는 것, 인사담당자는 모든 자기소개서를 꼼꼼히 살펴보지 않는다는 사실 아닌가. 그래서 인사담당자의 첫눈을 사로잡을 수 있도록 내 자기소개서를 작성하는 것, 이것은 매우 중요한 글쓰기 스킬이다. 그래서 나를 어필하는 내용을 다 적은 후에, 그 내용을 종합하는 첫 문장을 작성해 보자.

이 책은 처음부터 '자기소개서에 최적화된 글쓰기 공식'을 알려 주는 것이 목적이라고 했다. 그러니 지금부터 연습시간이다. 여러분 자신에 대해 어필하고 싶은 내용을 적어 보자. 당연히 긍정적인 내용들일 것이다. 이것은 성격, 업무 능력, 독특한 실적이나 스펙,

특별한 경험 등 여러 부분에 관한 장점들이다. 인사담당자에게 꼭 전하고 싶은 여러분의 장점을 아래 적어 보고, 그에 대해 호기심 문장을 제일 앞에 정리해 보자.

나에 대한 어필 내용 쓰기	호기심 문장으로 바꾸기
[비포]	[애프터]
〈 예시 〉	
저는 항상 지치지 않고, 쌩쌩하게 에너지가 넘치는 사람입니다.	예전에 어느 선배가 제게 이렇게 물어봤습니다. "넌 발가락에 충전기를 끼고 자나?" 그리고 이 질문을 들은 주변 사람들 모두 "맞다, 맞아, 넌 딱 그렇다"라고 말했습니다.
〈 여러분의 내용을 작성해 보세요 〉	
연습1.	
연습2.	
연습3.	

[Exercise] **당신에게 호기심이 생기는 문장을 만들어 보세요.**

작성 후, 최종적으로 점검해 봐야 할 점! 그 문장을 읽었을 때 '나란 사람'에 대한 호기심이 발동하는지, 안 하는지를 냉정하게 판단하는 것이 중요한 체크 포인트다. 만약 그 문장을 읽었는데, 진부하거나 뻔하거나 별로 궁금한 생각이 안 든다? 그러면 과감하게 삭제하고, 다른 문장으로 무조건 바꾸자.

👩 언니의 한마디!

☞ 그런데~ '호기심 생기도록 쓴다는 게 구체적으로 어떻게 하라는 거지?'

이런 질문을 하시는 분들에게 드리는 Tip.

첫째, 일반적으로 많이 쓰지 않는 표현을 사용한다.
둘째, 궁금증 생기도록 던지고, 답은 미리 공개 안 한다.
일종의 신비주의 전략인 거야.

앞의 〈표〉에 있는 예문이 여기에 해당하는지 다시 살펴보자고~

〈 너 발가락을 충전기에 끼고 자냐? 〉

첫째, 발가락을 충전기에 낀다?
이런 표현을 사람한테 사용하진 않아. 그렇지?
그래서 일단 눈길이 간다는 사실.

둘째, 발가락과 충전기?
이런 관계에 대한 질문은 적었으나, 답이 공개되진 않았지?
그래서 무슨 이야기일까, 궁금해서 뒤를 읽게 된다는 것.

여러분에 대한 호기심 문장도 이런 구조로 만들어 보자고~~~ :)

핵심 내용을
첫머리에!

이 사람은 무슨 이야기를 하고 싶은 걸까?

두 달 전이었어. 학교 오는데 말야, 핸드폰을 집에 두고 온 거야. 버스 정류장까지 거의 다 왔는데 웬일, 어쩜 좋아. 어쩌겠어. 다시 집에 가서 가져왔잖아. 그래서 결국 원래 타야 하는 시간에 못 타고 늦은 거야. 버스를 한참을 기다리는데, 왜 이렇게 추워. 오들오들 떨다 보니까 핫팩을 사야겠다, 싶더라. 정류장 앞 편의점에 들어가서 핫팩을 하나 샀어. 핫팩 사가지고 나오는 그 찰나에 버스가 온 거야. 막 달려가서 정신없이 탔어.

여기까지 듣다 보면, 살짝 정신줄을 놓게 된다. 아, 그래서 어쨌다고? 이런 말이 목구멍 바로 직전까지 나온다. 그래도 참고 들어보자. 이어지는 얘기는…

학교 도착하니까 이미 수업 시작한 시간이더라고. 수업 지각 안 하려고 했는데, 결국 지각했잖아. 아, 진짜 속상하더라고. 아예 확 늦으면 차라리 억울하지라도 않지. 버스 놓쳐서 5분 늦으니까 진짜 억울하더라.

이쯤 들으면 '누가 핸드폰 놓고 나오래? 너가 잘못했잖아'란 생각이 스멀스멀 기어 나오며 또 내뱉고 싶어진다. 그래도 친구끼리 그러면 안 되지, 싶어 마음속에 참을 인(忍) 세 번을 생각하며 조용히 듣는다.

막 속상해하면서 학교 들어오는데, 어떤 훈남이 공대 건물이 어디냐고 말을 거는 거야. 우리 쪽이랑 붙어 있으니까 나 따라오라고 해서 같이 걸어왔어. 그러면서 이런저런 얘기를 하는데, 다른 학교 학생인데 우리 학교랑 무슨 프로젝트 진행할 게 있어서 왔다는 거야. 그게 우리의 첫 만남이야.

띠로리~~~ 이 이야기의 중요 핵심 내용이 뭔지 이해가 됐는가? 그렇다, 결론은 '썸남과의 첫 만남 썰'이다. 으아아아악, 이 결론을 듣기 위해 저렇게 길고 긴 네버앤딩 서론을 지루하게 들어야만 했던 것이다. 세상에서 가장 재미있는 이야기가 연애담인데, 그걸 이렇게도 지루하게 만들다니! 그렇다면 어떻게 말했어야 할까?

나 썸타는 남자 생겼어. 어떻게 만났냐면, 진짜 예상치 못한 상황에서 만나게 된 거야.

(하고 나서)

두 달 전이었어. 학교 오는데 말야, 핸드폰을 집에 두고 온 거야.

(블라블라)

그게 우리의 첫 만남이야.

이랬어야 한다. 다들 공감하시리라. 그래서!

〈 결론은 앞에, 설명은 뒤에 〉

이걸 꼭 기억하시라! 즉, 두괄식으로 말해야 듣는 사람이 정신줄 놓지 않고, 끝까지 집중해서 듣는다는 것이다. 결론을 모른 채, 앞의 내용이 무한대로 길어지면 대체 무슨 얘길 하고 싶은 건지 몰라, 답답해서 숨넘어가기 일보 직전이 된다.

이것은 자기소개서에서도 마찬가지다. 인사담당자들은 바쁘다. 뒤까지 일일이 다 읽어 보지 못한다. 무조건 말하고자 하는 내용을 두괄식으로 작성해야 한다.

그럼 이쯤에서 이런 질문하시는 분들이 계실지도 모르겠다.

**Q. 소제목을 광고 카피처럼 뽑으라면서요? 그러면 그 소제목이
두괄식 역할을 하는 거 아닌가요?**

충분히 이런 오해를 하실 수도 있겠다. 그런데 소제목은 전체 단
락을 매력적으로 보이도록 아우르는 문구다. 여기에 대한 설명은
길게 단락이 이어지는데, 지금 말하는 두괄식의 개념은 이 단락의
첫 부분을 의미하는 것이다. 옷가게에 비유하면, '간판'은 '소제목'
이고, 그 상점 앞 '쇼윈도'에 진열된 상품이 '두괄식 문장'과 같다.
쇼윈도 상품을 보는 순간 옷가게에서 파는 옷이 정장인지, 캐주얼
인지, 빈티지인지, 러블리한지에 대한 전반적인 분위기를 파악할
수 있지 않은가. 두괄식으로 내용의 결론을 먼저 작성하는 건 자기
소개서에서 어떤 내용을 말하고자 하는지, 인사담당자들에게 빠르
게 인식시켜 주는 효과가 있다.

예를 한번 들어 보겠다.

〈소제목〉	꼴찌가 일등이 되는 기적
〈두괄식 문장〉	시든 꽃에 물을 주면 살아나듯, 자포자기하며 살았던 저에게 꿈이란 봄비가 내리자 꽃이 피어났습니다.
〈설명〉	저는 중학교 때까지 꼴찌였습니다. 그때까지 공부하는 걸 싫어했어요. 그리고 공부를 어떻게 하는지, 요령도 잘 몰랐구요. 그러다가 우연히 부모님을 따라 맹아원 봉사를 가게 되었습니다. 그곳에서 맹아원 아이들이 호랑이에 대한 점자책을 아무리 열심히 읽어도 호랑이가 어떻게 생겼는지 전혀 가늠이 안 된다는 사실을 알게 되었습니다. 그걸 보면서 그들에게 호랑이를 손으로 만져 보고 알게 해주고 싶었습니다. 그걸 할 수 있는 방법은 뭘까, 열심히 고민하기 시작했습니다. 조각가가 되어서 호랑이를 만들어 줄까, 이런저런 생각을 했습니다. 그러다 3D 프린터를 알게 되었고, 이걸로 호랑이를 형상화해서 만들어 주면 되겠다, 이런 생각이 들자 너무 기뻐서 가슴이 쿵쾅거리기 시작했습니다. 그 꿈을 이루기 위해, 그때부터 열심히 공부하기 시작했습니다. (중략) 그리고 고등학교 2학년 때 일등을 하게 되었습니다.

위와 같이 작성했을 때, 인사담당자 눈에 제일 먼저 들어오는 부분이 소제목과 두괄식으로 쓴 저 결론 문장이라는 것이다. 그리고 거기에 눈이 사로잡혔을 때 비로소 뒤의 설명을 읽게 된다.

이번에도 연습의 시간이 돌아왔다. 지금 바로 작성해 보시라.

〈소제목〉	
〈두괄식 문장〉	
〈설명〉	

[Exercise] **두괄식으로 작성하시오.**

물론 기업마다 자기소개서 형식이 다르고, 글자 수 제한에 묶이다 보면 소제목을 달기 어려울 때도 있다. 그럴 땐 두괄식 결론 문장을 소제목처럼 매력적으로 쓰도록 하자.

🙂 언니의 한마디!

☞ 딱 한 문장을 어떻게 고르지?

만약 딱 한 문장만 'SNS에 적는다'고 생각해 봐라.
그럴 때 차 떼고, 포 떼다 보면 최종 한 문장이 남게 될 것이다.

마지막 남는 그 문장이 핵심인 결론이다.

쌈박한 첫 문장을
만들어라

오랜만에 돌아온 질문 타~임!

다음 드라마 중 더 보고 싶은 첫 장면은?

1. 온몸에 딱 붙은 레깅스를 입은 한 여성.

높은 건물에서 마치 스파이더맨처럼 가는 줄을 타고 뛰어내리는데, 건물 옥상에서 그녀에게 총을 쏜다.

하지만 요리조리 총알을 피하고, 마침내 건물 아래로 다이빙하듯 몸을 날리는 여성의 모습.

2. 온몸에 딱 붙은 레깅스를 입은 한 여성.

불이 꺼진 건물 복도를 조용히 걸어가는 모습.

설마 2번을 선택하신 분 계신가? 아마도 대부분 1번을 고르셨으리라. 왜 1번을 고르셨는가? 2번은 뭔가 맹숭맹숭 심심하지만, 1번은 스펙타클하며 긴장감이 생기니까. 이것이 바로 드라마 첫 장면이 갖춰야 할 요건이다. 5분 안에 시청자를 매료시키기!

이건 드라마에만 해당하는 게 아니다. 방송 프로그램을 만들 때 가장 중요하게 생각하는 법칙이다. 첫 시작을 임팩트 있게! 시청자들은 매섭도록 냉정하다. 처음 5분을 사로잡지 못하면 그들은 바로 리모컨을 들어 다른 채널로 돌리거나 전원을 끄거나, 둘 중의 하나를 택하기 때문이다. 처음을 사로잡아야 시청자는 끝까지 시청하고, 그것이 시청률로 연결된다.

인사담당자들도 시청자만큼이나 냉정하다. 좀 더 정확히 말하자면 냉정함과 냉철함을 동시에 갖췄다고 볼 수 있다. 첫 문장에서 '이 지원자는 매력이 없다'고 생각되는 순간 그의 자기소개서를 뒤도 안 돌아보고 탈락시키는 '냉정함'. 그리고 첫 문장에서 '지원자의 어떤 가능성이나 개성'을 바로 꿰뚫어 볼 수 있는 '냉철함'. 이렇게 두 가지다. 이런 인사담당자들의 가슴을 뒤흔들어 놓는 첫 문장은 앞서 얘기했던 썸네일 같은 소제목, 호기심을 자극하는 문장, 두괄식으로 결론부터 적은 문장, 이 모든 것들과도 모두 통한다. 모두 첫 부분이란 공통점 때문이다. 즉 이것이 바로 자기소개서의 첫인상이란 얘기다.

하지만 첫 문장을 쓴다는 것. 생각처럼 녹록하지 않다. 멋진 첫 문장을 쓰는 건 너무나 어렵다. 심지어 어떤 땐 첫 문장이 떠오르지 않아 하루를 꼬박 날려 버리기도(?) 한다. 그런데 흥미로운 점은 첫 문장만 잘 통과하고 나면 그다음부턴 술술 써진다는 사실이다. 왜냐하면 첫 문장은 곧 자신이 말하고자 하는 내용의 결론이기 때문에 다음에 이어서 쓸 이야기들이 이미 머릿속에 정리되어 있어서 그런 것이다. 그만큼 첫 문장은 고민의 고민을 거듭한 끝에 나오는 완성도 있는 문장이다. 그래서 수많은 소설가들도 첫 문장 쓰는 것에 몇 날 며칠 공을 들인다. 매력적인 첫 문장이 소설을 계속 읽게 만드느냐, 아니냐를 판가름하는 승부처가 되기 때문이다.

지금 이 책을 읽으시는 여러분들 중에 '그래, 첫 문장 중요한 거 알겠다, 알겠어. 그런데 대체 어떻게 써야 잘 쓴 문장인 거냐?' 이렇게 묻고 싶은 분들이 계실 것이다. 그런 분들을 위해 몇 가지 정리해 보겠다.

첫째, 뻔한 명언, 진부한 명언, 고리타분한 명언은 피하라.

가령 '위기는 기회를 만든다', '내 사전엔 불가능이란 없다.' 등의 세 살 어린아이도 다 앎직한 그런 뻔하디뻔한 표현은 제발 피하자. 다만 남들 다 아는 문장을 재미있게 패러디해서 오히려 센스가 돋보인다면 그땐 사용해도 된다. '위기가 기사를 만든다'(by 기자 지원자)나 '내 지갑엔 현금이란 없다'(by 신용카드사 지원자), 뭐 이런 식으로 말이다.

둘째, 어떤 에피소드인지 궁금증이 생기도록 써라.

지원자가 대체 어떤 일을 겪었던 것일까? 혹은 어떤 상황에 처했을까?, 등 뒤의 이야기가 마구마구 읽고 싶어지도록 궁금증을 유발하는 문장으로 써라.

셋째, 오글오글 No! 담백한 문장으로 써라.

멋진 첫 문장을 쓰라는 것이 온갖 미사여구를 붙이란 얘기가 아니다. 자기소개서는 시나 소설로 자기 글솜씨를 뽐내는 원고지가 아니다. 팩트를 최대한 효과적으로 전달하는 글이다. 그렇기 때문에 새벽에 SNS나 일기장에나 적을 것 같은 갬성(?) 충만한 문장은 금물이다. 밤 꼴딱 새며 이런 글 적고 아침에 읽어 보고는 부끄러워 이불킥한 경험들 한두 번은 있으실 것이다. 그러니 인사담당자에게 오글거림을 선사하지 말고, 짧고 간략하고 깔끔한 글을 전달해야 한다는 사실, 부디 기억하시라.

그럼 이번에도 연습 한번 해보자. 다만 여러분이 아닌 다른 사람의 스토리다. 이 사람의 스토리를 바탕으로 매력적이고 쌈박한 첫 문장을 한번 만들어 보시라.

〈 예시 〉

이 사람은 중학교 시절 어느 NGO 단체에 취직해서 1년 동안 돈을 벌었다. 당시 그는 아프리카 난민들이 0명이었으면 좋겠다는 내용의 책을 읽고 너무 감명받아서 자신도 이 일에 보탬이 되고 싶어서였다. 여러 곳의 NGO 단체에 자신의 꿈을 적은 지원서를 보냈고, 그중 한 곳에서 연락이 와서 취직을 하게 되었다. 그가 했던 일은 어릴 때부터 영어를 잘했기 때문에 후원자들의 편지를 영어로, 해외 후원 아동에게서 온 영어 편지를 한국어로 번역하는 일이었다. 이 일을 1년 동안 하면서 사람에 대한 소중함과 일이란 단지 돈을 버는 수단을 벗어나 소명을 갖고 할 때 더 행복하다는 사실을 배웠다.

〈 쌈박한 첫 문장을 만들어 보세요. 〉

연습1.

연습2.

연습3.

[Exercise] **쌈박한 문장 만들기**

첫 문장을 몇 개 적어 보셨는가? 그렇다면 여러분 스스로 인사담당자가 되어서 매의 눈으로 걸러 내보자. 첫 문장을 딱 읽는 순간, 바로 다음 내용까지 읽고 싶어지는지 아닌지 말이다. '냉정함'과 '냉철함'을 가지고.

앞의 다른 사람의 에피소드로 충분히 연습이 되셨는가? 그렇다면 이제는 여러분 각자의 에피소드를 적은 후에, 이를 바탕으로 쌈박한 첫 문장을 만들어 보자.

⟨ 여러분의 에피소드 ⟩

⟨ 쌈박한 첫 문장을 만들어 보세요. ⟩

연습1.

연습2.

연습3.

[Exercise] **여러분의 에피소드로 쌈박한 문장 만들기**

기승전결 구조를
갖추었는가?

초등학교 때부터 귀에 딱지가 앉도록 들었던 표현 중의 하나가 글을 쓸 때 '기승전결'에 맞춰야 한다는 것이다. 자기소개서 역시 글이기 때문에 이 또한 기승전결 구조를 갖춰야 한다.

그럼 오랜만에 '기승전결'을 다시 한 번 정리해 보자.

기(起): '일어날 기', 즉 스토리가 일어나는 부분, 곧 시작이다.
승(承): '이을 승', 내용이 본격적으로 이어지는 부분이다. 갈등이 나타나기 시작한다.
전(轉): '구를 전', 갈등과 긴장이 최고조에 달하다가 이야기의 반전이 이루어진다.
결(結): '맺을 결', 갈등이 해소되고 이야기가 마무리와 함께 결론이 난다.

'춘향전'을 예로 부연 설명해 보겠다.

기: 춘향이와 이도령은 첫눈에 반해 사랑에 빠진다.

승: 한편 변사또는 춘향이의 미모에 반해 수청을 들라고 하지만, 춘향이가 이를 거절하자 옥에 가두어 버린다.

전: 그러나 이도령이 암행어사가 되어 나타나 춘향이를 구하고, 변사또는 벌을 받는다.

결: 이후, 춘향이와 이도령은 아름다운 사랑의 결실을 맺는다.

이제 기승전결 구조가 정확하게 이해되었으리라. 그런데 〈춘향전〉 같은 이야기 글과 자기소개서처럼 지원자의 정보를 알리는 글은 장르가 다르지 않는가? 그래서 〈춘향전〉의 '기승전결' 구조를 이해했다고 자기소개서에 완벽하게 응용하기 어려울 것이다. 그래서 다시 찬찬히 설명 들어간다.

자기소개서의 '기승전결 구조'를 기억하라!

기: **(시선 끌기)** 소제목 또는 첫 문장으로 인사담당자의 눈길을 끌어야 하는 부분이다.

승: **(상황)** 소제목 / 첫 문장에 이어지는 '에피소드'를 구체적으로 적는다. '성공담'보다 '고난 / 역경 / 힘듦 / 좌절' 등의 스토리가 바탕으로 깔리면 좋다.

전: **(행동)** '승'의 에피소드를 극복하여 '성공기'를 쓴다. (반전 스토리)

결: **(결과 및 업무 역량)**

이 일을 통해 앞으로 회사에서 '역량을 발휘'할 것이다. 라는 미래지향적인 내용의 마무리로 글을 맺는다.

이 구조에 맞춰 대략적으로 나열해 보겠다.

기: 내 별명은 '스펀지'다. 뭐든지 다 흡수해 버리기 때문이다.

(스펀지? 이게 뭘까? 호기심을 자극해 시선 끌기)

승: 대학 때 마케팅 회사에서 단기 인턴을 한 적이 있는데, 처음에 몇 번 실수하는 바람에 팀원들이 내 일을 떠맡게 되었다. 너무 미안했다.

(실수했던 실제 에피소드)

전: 더 이상 피해를 줄 수 없어, 그 팀에서 했던 1년간 자료를 며칠을 밤새 공부하며 업무에 대한 전반적인 부분을 단기간에 파악했다. 그걸 바탕으로 미리 할 일을 파악하고, 수시로 체

크하면서 챙긴 결과, 오히려 다른 팀원의 실수를 먼저 알아내서 수습하면서 큰 프로젝트를 마무리할 수 있었다.

(실수를 극복하기 위한 노력으로 반전 결과를 이끌어냄)

결: 그래서 새로운 업무나 처음 하는 일에 대한 두려움이 없다. 단기간에 빠른 속도로 기업에서 주어진 모든 일들을 스펀지처럼 흡수하기 때문이다.

(입사 후 앞으로의 포부로 마무리)

이제 정확하게 이해가 됐으리라.

그러면 또 연습 타임이다.

여러분의 자기소개서를 작성해 보자.

〈기〉
서론 / 눈길 끌기

〈승〉
에피소드1의
상황 설명

〈전〉
에피소드1에 대한
행동

〈결〉
결과 및
업무 역량

[Exercise] 기-승-전-결 구조로 자기소개서를 작성하시오.

결정적 '한 방', 디테일 검토하기

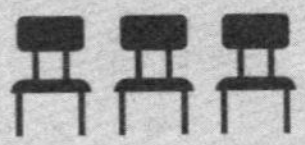

길라잡이:
마지막 디테일에서
승부가 난다

화룡점정(畵龍點睛)이냐! 용두사미(龍頭蛇尾)냐!
그것이 문제로다.

두 개의 고사성어 모르시는 분들, 없으실 테죠.

화룡점정은 말 그대로 용을 그린 다음 마지막으로 눈동자를 그
린다는 뜻으로, 가장 요긴한 부분을 마치어 일을 끝내는 걸 이르는
말이죠. 용두사미 역시 한자 그대로 해석하면, 용의 머리와 뱀의 꼬
리로 시작은 크지만 끝은 흐지부지 끝나는 것을 꼬집을 때 사용하
는 말입니다.

지금까지 챕터1장과 챕터2장을 통해 '자기소개서 작성 공식'을
정리해 보았습니다. 그리고 이대로 자기소개서를 작성한다면 90%

달성한 거랍니다. 그렇다고 긴장의 끈을 놓아 버리면 안 됩니다. 마지막 최종 점검까지 끝내야지만 100% 완성이라고 할 수 있죠.

마지막 미완성인 10%를 어떻게 마무리하냐에 따라,
여러분의 자기소개서는 화룡점정이 될 수도 있고,
용두사미로 전락할 수도 있습니다.
지금 그 갈림길에 서 있습니다.

시험에서 모든 문제를 완벽하게 풀어도 답지에 잘못 마킹하는 순간 틀리죠. 그래서 종이 칠 때까지 검토의 검토를 하며 꼼꼼히 살피죠. 중요한 프리젠테이션 발표를 앞두고 또 어떻죠? 정성스럽게 만든 자료가 USB에 잘 저장됐는지 살피고 또 살피며, 그 것으로도 불안해서 온갖 저장장치에 다 저장을 해놓잖아요.

자기소개서 역시 그래야 합니다.
아주 사소한 부분에도 실수가 없도록 최종 점검으로 마무리해야만 비로소 끝나는 거죠.
그런데 작은 실수가 대수롭지 않다고 생각하실지 모르지만, 지원자가 얼마나 야무진 인재인지, 아닌지는 의외로 작은 실수에서 드러날 수 있습니다.

흔히들 놓치는 작은 부분들이 무엇일지,

이번 챕터에서는 그 부분을 집중적으로 공략하겠습니다.
팔로우 미~~~ :)

― 01 ―

'자신감'과 '거만함'은
종이 한 장 차이다

어떤 사람에 대해 호감과 비호감을 가르는 조건 중에 가장 많이 작용하는 것이 '-척'이다. 국어사전에도 나와 있는 이 '척'이란 단어는 '그럴듯하게 꾸미는 거짓 태도나 모양'을 의미한다. 그래서 누군가 '있는 척, 잘난 척, 예쁜 척, 멋있는 척, 아닌 척'을 하는 게 느껴지는 순간 경계를 하게 된다.

그런데 자기소개서는 '내가 얼마나 회사에 필요한 인재'인지를 인사담당자에게 '알리는 글'이다. 이런 목적에 맞춰 쓰다 보면 자신에 대한 긍정적인 이야기나 스펙을 나열하게 된다. 어쩔 수 없이 나의 잘난 모습을 드러낼 수밖에 없다는 것이다.

그래서 권한다.
자기소개서를 다 작성한 뒤에 전체적으로 읽어 보고 잘난 척인지,

자신감인지를 점검해 보시라.

여기서 또 다시 질문하는 소리가 들린다.

Q. 아니, 못했다고 쓸 수는 없잖아요?
잘했다고 쓰다 보면 다 잘난 척으로 보일 텐데, 어떡해요?

이 질문에 대한 답은 성공담만 쓰지 말라는 것이다.
다시 강조한다.
여기서 중요한 포인트는 성공담을 쓰되, 성공담만 쓰지 말라는
얘기다.

◈ **– 잘했다.**
◈ **– 성공했다.**
◈ **– 능력을 인정받았다.**
◈ **– 칭찬받았다.**
◈ **– 상을 받았다.**
◈ **– 승리했다.**

이렇게 결론이 나는 건 당연하다. 자기를 가장 긍정적으로 드러
내는 글이니까.
다만, 이렇게 '성공적인 결론'을 내기까지의 '과정'이 함께 담겨야

한다.

이걸 공식화시켜 보면 다음과 같다.

〈결과 이끌어 내기까지의 과정〉	〈긍정적인 결과로 마무리〉
– 노력해서~	– 잘했다.
– 극복해서~	– 성공했다.
– 힘을 합해서~	– 능력을 인정받았다.
– 좌절하지 않고~	– 칭찬받았다.
– 갈등을 조정해서~	– 상을 받았다.
– 분석해서~	– 승리했다.

자, 다들 이해되셨으리라, 믿는다.

앞으로 자기소개서를 쓸 때마다 이 공식을 잘 기억해 두자.

🙎 언니의 한마디!

☞ 긍정적인 결과로 가기까지 눈물겨운 노력이 보일 때~

인사담당자에게 잘난 척이 아닌 긍정적인 자신감으로 보일 수 있어.
여기에 또 하나!
'감동'까지 준다는 사실~ :)

02

'단어'도
'낄끼빠빠'

　요즘 신조어의 일종인 '낄끼빠빠'는 '낄 때 끼고 빠질 때 빠져라'의 줄임말이라는 거 다들 아실 것이다. 쉽게 말해 분위기 보고 눈치껏 행동하라는 의미다. 뜬금없이 신조어 타령을 하는 건 글을 쓸 때 단어도 '낄끼빠빠'가 필요하다는 걸 전하고 싶어서다.

　이 책을 읽는 여러분, 신조어를 즐기는 세대 아닌가! '낄끼빠빠'라고 할 때 그 뉘앙스를 확실하게 알 거 같아서 굳이 선택했으니 넓은 아량으로 이해해 주시길 부탁한다.

　우리의 언어는 수많은 단어로 이루어져 있다. 단어 자체가 가지는 의미도 있지만, 이 단어들이 모이고 모여서 한 문장을 이룰 때 더 큰 의미를 탄생시킨다. 이러한 문장들이 또 모이고 모여서 하나의 단락을 형성하고, 단락들이 모여서 전체의 글을 완성시킨다. 마치 '도랑물 모여서 개울물, 개울물 모여서 시냇물, 시냇물 모여서 큰 강물, 큰 강물 모여서 바닷물'이란 동요처럼 말이다.

글을 집에 비유할 때 단어는 벽돌과도 같다. 즉 뼈대를 이룬다는 것이다. 때문에, 글을 쓸 때 단어 하나를 선택하더라도 공들여야 하며, 불필요한 단어는 과감하게 버려야 한다. 그래서 단어도 '낄 때 끼고, 빠질 때 빠져야' 해서 '낄끼빠빠'라는 얘기다. 특히 단어를 통해 감정과 이미지를 전달하기 때문에 문장에 꼭 맞는 적절한 단어를 선택해야만 글의 내용을 명확하고, 효과적으로 전할 수 있다.

그럼 단어의 '낄끼빠빠'는 어떻게 하면 될까?

첫째, 똑같은 의미를 가진 단어라도 뉘앙스를 잘 고민해서 사용하자.

유의어는 워낙 많아서 일일이 다 짚을 순 없다. 다만 자기소개서를 작성하다가 같은 의미의 단어 중에 어떤 걸 사용할까, 헷갈린다면 자신이 표현하고 싶은 뉘앙스가 무엇인지 신중하게 고민해서 선택하자. 가령 아버지, 어머니를 부친, 모친으로 선택하는 사람들이 있다. 부친, 모친이 더 예의 바르다고 여기는 경향 때문인데, 한편으론 거리감이 느껴지기도 하고, 나이가 들어 보이기도 한다. 그래서 적절한 뉘앙스의 단어 선택이 중요하다.

둘째, 축약어 사용 금지다.

아르바이트라고 풀어 써야지 알바라고 쓰지 말자는 얘기다. 특히 요즘 신조어들은 대체적으로 축약어가 많아서 무심코 사용할 수도 있다. 국어사전에 표기되지 않은 신조어는 무조건 걸러 내자. 신조어가 들어간 자기소개서를 보는 순간 지원자의 '품격'은 곧바로 하락세다.

셋째, 일상적으로 사용하는 외래어는 한글로 쓰자.

best, Special, project... 영어로 표기하지 말고, 베스트, 스페셜, 프로젝트 등 일상에서 익숙하게 사용하는 단어들은 한글로 표기하면 된다. 한글 사이에 영어 스펠링으로 표기하는 순간 통일성이 떨어져 보인다. 그런데 부득이하게 영어 스펠링을 사용해야 한다면 '한글(영어)', 이렇게 표기하시길 바란다.

단어 선택이 문장의 '질'과 '품격'을 결정한다.

그러니 마치 시인이 '시어'를 고민하듯 정성껏 선택하자.

03

쉽게
썼는가?

명확하게 쓰면 독자가 모인다.
모호하게 쓰면 비평가들이 달라붙는다.

- 알베르 카뮈

역쉬(?) 프랑스의 대문호답다. 이 말을 읽는 순간, 맞네, 맞는 말이야, 무릎을 탁 쳤다. 좋은 글이란 누가 읽어도 이해되기 쉽게 써야 한다. 가만히 생각해 보면 이런 '쉬움의 법칙'은 비단 글에만 해당하는 건 아니다. 드라마나 영화도 마찬가지다. 씬 구성이나 스토리 라인이 쉬워야 시청자(관객)들에게 입소문이 나면서 인기를 끌지, 주제와 의미를 강조한다고 모호하고 어렵게 만들면 웰메이드란 평가는커녕 그저 소리 없이 사장되기 십상 아닌가.

결국 이건 무슨 이야기인가. 글이든, 영화든, 드라마든, 또 말이든 형태만 다를 뿐 모두 '어떤 메시지'를 전달하는 도구다. 즉 '메시지'를 전달하기 위해선 이를 듣는 수용자(독자, 관객, 시청자, 청자)들이 바로 이해할 수 있어야 한다. 이 말은 바로 '쉬워야 한다'라는 것이다. 그렇기 때문에 어렵게 느껴지는 건 씨알도 먹히지 않는다. 그것이 글이든, 영화든, 드라마든, 말이든 상관없이. 이걸 일찍이 카뮈가 강조한 것이다.

그런데 문제는 대부분의 사람들이 글을 쓸 때 어려운 한자, 고사성어, 한자식 표현, 남들이 잘 안 쓰는 단어를 써야 잘 썼다고 생각한다는 사실이다. 하지만 이런 인식이야말로 "라떼는 말이야"에 나올 법한 내용이다. 세로줄로 제본된 책을 읽던 구시대 잔재란 말이다.

주홍글씨의 작가, 호손도 얘기했다.
"쉽게 잘 읽히는 책을 쓴다는 건 굉장히 어려운 일"이라고!

그래서 자기소개서를 한 번 쓰고 나서 꼭 체크해야 할 것!
'쉽게 이해되도록 잘 읽히는가?'에 대한 점검이다.

굳이 어려운 단어나 고사성어를 써서 여러분이 쓰고도 스스로 좀 어색하게 느껴진다면, 쉽게 이해되도록 바꿔야 한다. 자기소개서란 '여러분에 대한 팩트'를 인사담당자라는 '독자'에게 잘 전달하는 게 목적인 글이다. 그러니 어려운 말이나 배배 꼬인 문장은 꼭 배제하시길 바란다.

 **언니의 한마디!**

☞ 어렵게 쓰는 것도 병이다, 병!

무슨 병?
'잘나 보이고 싶어 하는 병'

문장도
미니멀리즘!

요즘 미니멀리즘(minimalism)이 대세다. 미니멀리즘은 영어에서 '최소한도의, 최소의'라는 뜻의 '미니멀(minimal)'과 '주의'라는 뜻의 '이즘(ism)'을 결합한 용어로 1960년대부터 쓰이기 시작했다. 기본적으로 예술적인 기교나 각색을 최소화하고 사물의 근본 즉 본질만을 표현했을 때, 현실과 작품과의 괴리가 최소화되어 진정한 리얼리티가 달성된다는 믿음에 근거하고 있다. 아무리 뛰어난 외모를 갖춘 사람이라도 머리부터 발끝까지 여러 가지 색상과 다양한 디자인이 들어가도록 코디(coordination)를 하면 오히려 촌스럽거나 천박하게 보인다. 그야말로 과유불급(過猶不及)이다. 본질이 훼손된다는 얘기다. 그래서 미니멀리즘이 음악, 건축, 패션, 철학 등 여러 영역으로 확대되고 있는 게 아닐까.

글에서도 미니멀리즘이 필요하다. 시나 소설 같은 순수 문학은 비유나 은유, 화려한 수식어가 붙는 게 글의 풍미를 높이지만, 자기소개서처럼 정보 전달이 목적인 글은 핵심만을 기술하는 것이 좋다. 핵심이 가장 돋보이는 방법은 문장을 짧게 쓰는 것이다.

> 되도록 한 문장은 한 줄, 길어도 두 줄을 넘기지 말아야 한다.

그렇다고 오해하지 마셔라. 오직 핵심만을 전달하기 위해 짧게 써서, 글이 너무 딱딱하고 재미없는 게 아닐까, 하고 말이다. 오히려 짧게 쓰는 것이 글 읽는 재미를 높여 준다. 왜일까?

첫째, 무엇보다 지루하지 않다.

문장이 지나치게 길어지면 중간에 글의 흐름을 놓치면서 무슨 말을 하고 싶은 건지, 그 맥락을 알 수 없다. 그저 검은 건 글씨요, 하얀 건 종이다, 이런 생각만 들면서 글의 내용이 전혀 이해되지 않는다. 그러다 보니 읽다가 자꾸만 다른 생각을 하게 되고, 글이 재미없게 느껴진다.

둘째, 읽는 속도를 높인다.

앞의 연장선상으로, 한 문장이 너무 길어지면 맥락이 쉽게 파악되지 않아서 다시 앞부터 읽게 되고, 그러다 중간쯤 가서 '무슨 이야기더라?', 싶어 또 다시 앞으로 돌아가게 된다. 결국 같은 문장을 여러 번 읽게 된다는 것이다. 그러니 긴 문장은 당연히 읽는 속도가 더딜 수밖에. 때문에 문장이 짧을수록 읽는 속도가 붙어서 글이 쉽고 빠르게 읽혀진다.

셋째, 한눈에 내용이 들어온다.

한글은 영어와 달리 '주어+동사'가 붙어 있지 않고, '주어'는 머리에, '동사'는 가장 뒤쪽인 꼬리에 떨어져 있다. 한 문장이 너무 길면 말하고자 하는 핵심 내용이 바로 들어오지 않기 때문에 문장이 간결하고 짧을수록 이해하기 쉽다.

넷째, 논리적인 사고가 돋보인다.

'말 잘하는 사람'과 '말 못하는 사람'의 차이가 뭘까? 목소리 음성, 발성 톤, 발음, 구사하는 단어 선택 등 많은 요소들에 따라 나눠지겠지만, 내용 면에서만 따져 보면, 말 잘하는 사람들은 군더더기 없이 간략하게 하고 싶은 말을 한다는 것이고, 말 못하는 사람들은 불필요한 설명들이 장황하다는 것이다. 일단 자기 생각이 머릿속에서 논리적으로 잘 정리되어야, 그것이 군더더기 없이 깔끔한 말로 표현될 수 있기 때문이다. 그리고 우리는 이런 사람들에게 '똑똑하다'란 평가를 한다. 글도 똑같다. 짧고 간략한 문장으로 쓴 글을 읽을 때, 글쓴이는 '자기 생각을 논리적으로 잘 정리하는 사람'이란 생각이 든다는 것이다.

여기서 이어지는 또 하나의 질문!

문장이 군더더기 없이 깔끔하고 간략하다는 건 뭘까?

문장을 모든 문장을 무조건 한 마디씩 끊으라는 걸까?

여기에 대한 몇 가지 요령을 드리며 마무리하겠다.

◈ 꼭 들어가지 않아도 된다면 '-들', '-의'의 표현을 자제하라.

◈ 불필요한 접속어를 자제하라.

◈ 수식어를 절제하라. (자기소개서는 백일장 글짓기가 아니다.)

◈ 빼도 상관없는 단어는 삭제하라.

◈ 한 문장에는 하나의 행동이 나오는 것이 좋다.

◈ 단, 한 문장만 너무 딱딱 끊어 쓰면 글이 건조하고 차갑게 느껴질 수 있다.

이럴 땐 문장과 문장을 연결하는 게 좋다.

그럼에도 불구하고 웬만하면 두 문장 이상은 연결하지 말아라.

자기소개서를 다 썼다면, 문장이 군더더기 없이 짧은지 아닌지를 꼭 체크해 보아야 한다. 여러 문장이 줄줄이 소시지처럼 엮여 있다면, 꼭 문장을 나눠 주시길 바란다.

🙆 언니의 한마디!

☞ 온갖 미사여구에 휩싸인 긴 글이 '지적'이고, '잘 썼다'고 생각하지만!
   미안하다, 지금까지 이런 생각을 하셨다면~
   그것은 '착각'이다!

이것은 절대로 과한 꾸밈으로 튀지 않음에도 불구하고, 세련되게 보이는
패션 센스와도 같다.

05

소리 내서
읽어 보라

언어학을 전공한 학자들의 연구에 의하면, 앵커가 1분짜리 뉴스를 보도할 때 낭독하는 속도는 345음절 정도가 적절하며, 성인의 1분간 호흡수는 16회로 한 호흡으로 편하게 읽을 수 있는 음절수가 22음절이라고 한다. 물론 맞는 말이다. 그런데 실제로 앵커들이 보도문을 쓴 후 345음절인지, 22음절인지 일일이 세어 보진 않는다. 현실 여건상 그럴 수도 없다.

그럼 음절수를 다 세어 보지 않고도 효과적으로 알 수 있는 방법은 뭘까?
그건 직접 소리를 내서 읽어 보는 것이다.

직접 목소리를 내서 읽다 보면 발음이 꼬이는 단어를 걸러 낼 수 있고, 문장이 너무 길어서 숨이 차는지 아닌지를 정확하게 알아낼 수 있다. 그러면 앵커는 보도문이 매끄럽게 쓰였는지를 알 수 있다. 이건 방송 프로그램 대본에서도 똑같다. 작가는 대본을 다 쓴 후에 직접 소리를 내서 읽어 보면서 자신의 글을 다듬는다. 물론 보도문이나 방송 대본은 1차로 글을 작성한 뒤, 2차로 음성언어로 표현하는 '특수한 글'이기 때문에 소리를 내서 읽어 본다는 게 당연한 얘기다. 그런데 단지 이 이유 때문만은 아니다.

소리를 내서 읽을 때의 특별한 비밀이 있다.
소리를 내서 읽는 것은 눈으로 읽는 것과는 차원이 다르다.
그 비밀은 바로 문장의 호응 관계나 어색함을 즉각적으로 발견할 수 있다는 사실이다.

Q. 굳이 눈으로 읽으면 잘못된 거 다 알지, 뭐 꼭 소리를 내어야 하는가?

이렇게 반문하실 분이 계실 수도 있다.
그렇다면 한 가지 짚고 넘어가자.

자기소개서란 뭔가? '나'에 대한 팩트를 잘 전달함과 동시에 괜찮은 인재라는 걸 설득하는 글이다.
그리고 좋은 글이란 리듬 있는 문장으로 팩트를 잘 전달하는 글이다. 즉 자기소개서에서의 좋은 글은 '나'에 대한 팩트를 잘 전달하기 위해 리듬 있는 문장을 써야 한다는 것이다. 이 리듬 있는 문장의 포인트는 바로 '매끄럽게 잘 읽혀진다'는 것! 즉 '말'과 같다는 얘기다.

그래서 다시 강조하겠다.
자기소개서를 작성하고 나서, 꼭 소리를 내서 읽어 보아라!

대체 왜 그럴까?

눈으로 읽는 속도는 말로 읽는 속도보다 빠르다. 눈으로 읽으면 전체적인 내용, 즉 아우트라인을 먼저 인지하면서 '음, 내가 적으려는 내용들이 잘 들어갔나? 아닌가?'에만 집중한다. 그러다 보면 문장 호응이 잘못되거나 어색한 표현, 잘못된 조사 등의 문제는 놓친 채, 계획한 내용을 작성했다고 생각하는 순간 마음을 놓을 가능성이 높다는 것이다.

글은 '내용'만큼 '문장력' 또한 중요하다.
아무리 스토리텔링을 공들여 짜고, 플롯을 잘 설계해 풍성한 내용으로 자기소개서를 작성해도 만약 비문(非文) 일색이면, 인사담당자는 이 자소서를 탈락 상자에 놓을 가능성이 크다.

물론 이 의견에 다들, "안다, 알아" 하고 동의할 것이다.

다들 알지만, 그럼에도 불구하고!

"저는 글을 잘 못 써요."
"문장이 뭔가 정리가 잘 안 돼요."
"문장이 조금만 길어져도 주어랑 동사가 잘 안 맞아요."

이런 고민을 하고 계신 분들 많으실 것이다. 솔직히 우리 대부분이 그럴 것이다. 글쓰기 하는 직업을 가진 사람들 빼면, 글 쓸 일이 별로 없지 않은가. 평소 다독(多讀)과 다작(多作)을 통해 훌륭한 글빨(?)을 가지면 좋겠지만, 그렇지 않아도 괜찮다.

왜?
바로 이 방법을 사용하면 거의 통하기 때문이다.
다시 한 번 강조하련다.

비문, 어색한 문장을 고치는 데에
직접 소리 내서 읽어 보는 것이 굉장히 큰 효과가 있다는 사실!

 **언니의 한마디!**

☞ 정말 희한하지? 소리 내면 문장의 고칠 부분이 꼭 보인다니까! 말이 꼬이면 문장도 꼬인 거라고!

그러니 속는 셈 치고 여러분도 꼭 한 번 해보시길~! :)

06

오타, 눈을 씻고
찾아내라

지금 이 책을 읽고 있는 당신, 지금 잠깐 인터넷 검색창에 '맞춤법 남자'라는 검색어를 써보시길! 남자 친구 혹은 썸남이 맞춤법을 자꾸 틀려서 고민이라는 사연을 꽤 발견할 것이다. 어쩌다 실수로 가끔 틀리는 게 아니라 상습적으로 빈번하게 틀리는 경우에 관한 내용들이다. 이처럼 '남자의 맞춤법'에 대한 고민이 쇄도하는 이유가 무엇일까? 남친이나 썸남이 하루 중 카톡을 가장 많이 주고받는 사이인데, 그때마다 맞춤법을 심하게 틀리면? 볼 때마다 거슬릴 수밖에. 게다가 누구나 알만한 쉬운 단어면 더더욱 그럴 것이다. 그런데 맞춤법이 틀려서 거슬린다는 건 그나마 점잖은 표현이고, 속된 말로 '그 남자 깬다'라고 말한다.

맞춤법 틀리는 남자에 대한 마음은 아마 드라마 '별에서 온 그대' 속 전지현 캐릭터였던 천송이에게서 느껴지는 기분과 비슷하지 않을까, 싶다. 극 중 톱스타인 천송이는 SNS에 수시로 글을 올리는데, 주로 이런 식이다.

"피곤한 오후엔 역시 달달한 모카라떼가 짱. 문익점 선생님이 왜 모카씨를 숨겨 들어왔는지 알 것 같다. 문익점 선생님 땡큐~♡"
"여러분~ 갈릭 피자에서 이상하게, 마늘 냄새가 나네요. 저만 그런가요?"

그녀는 최고의 미모를 가진 한류스타이지만, 입만 열면 부족한 상식(?)이 드러나서 늘 팬들에게 웃음거리가 되었다. 이런 천송이의 향기가 맞춤법 자꾸만 틀리는 남자에게서 스멀스멀 올라온다는 것이다. 한마디로 말해, '없어 보인다'는 얘기다. 그래서 아무리 외모가 멋있고, 스펙이 좋아도 정말 누구나 다 아는 맞춤법을 틀릴 때 그에 대한 신뢰감이 살짝 떨어진다.

이건 자기소개서 작성에서도 똑같이 통한다. 인사담당자들의 매의 눈으로 자소서를 훑어보는데, 맞춤법이 틀리거나 오타가 보인다? 그 순간 신뢰도는 뚝, 하강 곡선을 그리게 된다. 물론 자소서의 맞춤법이나 오탈자는 인터넷에서 고민하는 '남친의 맞춤법'이나 극 중 인물인 '천송이'처럼 애초부터 상식이 부족해서가 아니라 단순 실수일 수 있다. 그러나 단순 실수도 이런 중요한 서류에선 치명타가 된다. 일단 '취업'이라는 그토록 절실한 문제 앞에서 실수한다는 건 이에 대한 마음가짐 자체가 별로 진지하지 않다고 여겨질 가능성이 크기 때문이다.

하지만 누군가는 맞춤법이나 오타는 사소한 실수인데, 대단하지 않은 일로 너무 유난스럽다고 생각할 수도 있다. 그런데 승부란 자고로 사소한 것에서 갈리는 법이다. 자기소개서란 무엇인가? 여러분들이 입사 후 업무능력을 발휘할 수 있는 인재인지 아닌지를 가늠하는 서류다. 그런 서류에 실수를 목격하는 순간 인사담당자들은 대면도 하기 전에 여러분에 대한 선입견부터 갖게 된다.

'꼼꼼하지 못한 사람이네.'
'일을 야무지지 못하게 하는 거 아닐까?'
'다시 검토도 안 했나? 우리 회사를 너무 만만한 게 본 거 아냐!'
'기본이 안 됐네.'

이런 사소한 실수에 가려져 여러분의 똑똑함과 꼼꼼함, 탁월한 업무 능력이 빛을 발하기는커녕 면접 기회를 갖지도 못한 채 소멸될 수 있다는 것이다. 지원하는 기업마다 조금씩 달라서 자기소개서와 면접을 같이 볼 때도 있다. 그래도 마찬가지다. 면접관들 또한 자소서의 틀린 맞춤법, 오탈자를 볼 테니까 말이다.

그러니 제발 자기소개서를 다 작성한 후, 오타, 눈을 씻고 찾아내서 고쳐라. 또 쓰다가 헷갈리는 단어나 띄어쓰기가 나오면 제발 국어사전에 검색해 보자. 이도 저도 귀찮다? 그럼 제발 마지막에 포털 사이트에 들어가 맞춤법 검사기에 돌려 보자. 제발!

 언니의 한마디!

☞ 오타남발, 틀린 맞춤법을 쓰는 지원자는 솔직히 '읽어(?) 보인다'는 말씀!

07

나를 드라마의 등장인물처럼
만들어라

좋은 자기소개서 작성을 위해 지금까지 달려온 당신, 축하한다. 자기소개서를 통해 여러분이 어떤 인재인지를 알려 주었다. 그렇다면 여기서 마지막 질문 들어간다.

Q. 자기소개서의 최종 역할은 무엇일까?

어라? 대체 이건 또 무슨 황당한 시츄에이션인가, 싶은가? 다 아는 얘길 왜 물어보는지, 의아하신가? 그럼, 일단 한 번 더 정리해 보자. 자기소개서의 역할이란? 지금까지 다룬 내용에서 살펴보면, 입사하고 싶은 회사에 '자신을 매력적인 상품'으로 알리는 글이라고 했다. 그러나 이걸로 자기소개서의 역할이 모두 끝나는 게 아니다. 최종적으로 남은 자기소개서의 역할은? 바로 면접관이 당신에게 던질 질문을 꺼내는 '자료 창고'로서의 역할이다. 즉 면접관은 자기소개서 내용을 바탕으로 여러분에게 '폭풍 질문'을 쏟아 낸다는 것이다. 모든 사람에게 공통된 질문을 제외하고 말이다.

그러니 잘 기억하시라!

자기소개서의 '최종 역할' = 면접관의 '질문 자료 창고'

그렇기 때문에 면접관들의 질문에 대비하기 위해서, 여러분은 자기소개서의 모든 내용을 완벽하게 '내 것'으로 만들어야 한다.

그 방법은 바로!
자기소개서에 쓰지 않은 부분의 배경 스토리를 정리하고, 기억하는 것이다.

이해를 돕기 위해, 화제의 드라마 '더 글로리'에서 송혜교가 맡았던 문동은 캐릭터를 살펴보자.

문동은(송혜교 역) :

고등학교 시절 지독한 학교폭력을 당해 영혼까지 부서진 동은.
오랜 시간 분노와 증오로 빛 한 점 없는 극야의 시간을 버티고,

자신에게 지옥을 선물했던 이들에게 완벽한 불행을 가져다주기 위한 발걸음을 시작한다.

드라마를 시청한 사람들은 알겠지만, 캐릭터에 있는 설명보다 문동은이란 인물에 대한 숨겨진 정보들이 훨씬 더 많다.

〈환경적인 배경〉

◈ 30대 여성
◈ 아빠 없는 한부모 가정에서 엄마랑 살았음
◈ 엄마가 아니라 웬수(?). 딸의 등골을 휘게 만드는 빌런
◈ 학교폭력으로 인한 끔찍한 흉터가 온몸에 남아 있음
◈ 학교폭력의 주동자들을 도와준 결정적인 인물이 담임선생님
◈ 고등학교를 자퇴하고 검정고시로 대학 가서 초등학교 선생님이 되었음

〈성격〉

◈ 우울함
◈ 잘 웃지 않음
◈ 희망보단 복수에 초점
◈ 어두움

◈ 끈기가 있음

◈ 치밀함

대략적으로 이 정도로 나눠지겠다.

그런데 캐릭터 설명에 나오지 않은 이 부분까지 왜 언급할까? 실제로 이건 드라마 작법에서 배우는 부분 중의 하나다. 어떤 등장인물을 정할 때, 이름, 나이, 가족 관계 직업(또는 신분) 같은 기본 설정 외에 사회적인 부분, 성격적인 부분, 결핍, 욕망 등등의 모든 부분을 다 치밀하게 계산해야만 한다는 것이다. 설사 극 중에서 이 모든 것이 다 드러나지 않더라도 말이다. 겉핥기식으로 이름, 나이, 가족 관계, 직업 정도만 설정하면 이건 '살아 있는 캐릭터'로 거듭날 수 없다. 즉 심리상태 등 등장인물의 깊은 내면까지 설정해야만 그 역할을 맡은 배우가 그 인물에게 감정이 동화되면서 드라마 속 캐릭터로 재탄생할 수 있다는 것이다.

자기소개서를 쓰고, 면접에 임하는 여러분 또한 드라마 속 캐릭터와 같다는 얘기다. 자기소개서에 쓴 이야기는 지면의 한계와 (기업에 따라) 글자수 제한으로 인해, 모든 걸 다 적을 순 없다. 이미 앞서 짚었듯 가장 핵심적인 내용들이 잘 전달되도록 썼을 것이다. 그런데 면접관들은 오로지 적힌 내용만 물어보는 게 아니라 적힌 내용을 바탕으로 질문한다는 게 포인트다.

자, 다시 강조하겠다.

면접관은
자기소개서에 '적힌 내용 그대로'가 아니라
그 내용을 바탕으로 여러 방향으로 확장해, '질문'을 던진다!

예를 들어 보자.

*

여름 방학 때 기능성 건강제품 회사에서 아르바이트를 했었습니다. 건강제품을 판매하는 일이었는데, 처음으로 해본 영업직은 낯설고 두려웠습니다. 회사에서는 주로 거래하는 병원이나 약국, 찜질방 등의 명단을 주었습니다. 하지만 부끄러워서 설명도 제대로 하지 못했습니다. 이대로 포기하지 않으려면 저만의 해결 방법을 찾아야 했습니다. 고민 끝에 찾은 방법은 첫째, '제품 설명서'를 처음부터 끝까지 술술 나오도록 암기하기, 둘째, 제품을 사용한 소비자 댓글을 일일이 분석해서 실질적인 장단점을 파악해 알리기였습니다. 그리고 마지막으로 대학 때 배웠던 광고 영상 편집을 응용해 30초짜리 짧은 홍보 영상을 자체적으로 제작했습니다. 이후, 거래하는 병원과 약국, 찜질방에 가서 1차로 그 영상을 먼저 보여 드리며 관심을 끌고, 2차로 제가 준비한 설명과 댓글들을 확실하게 브리핑했습니다. 그 결과 여름 분기 동안 가장 좋은 실적을 올릴 수 있었습니다.

*

이런 내용이 적혀 있을 때, 면접관들에게서 나올 수 있는 질문들은 수없이 많을 것이다.

Q. 기능성 건강제품이라는 것이 구체적으로 어떤 상품이었는가?
Q. 그 건강제품이 어떤 질병에, 어떤 효과가 있는 것인가?
Q. 건강제품의 종류마다 가격은 얼마였고, 월 매출을 얼마나 달성했는가?
Q. 홍보 영상의 내용은 무엇이었는가?
Q. 가장 인상적인 소비자 댓글을 기억하는가?
Q. 소비자 댓글 덕분에 판매로 이어진 경험이 있는가?
Q. 영업직 판매 아르바이트를 통해 무엇을 얻었는가?

지금 이 질문들을 보면 자기소개서에 작성하지 않은 부분에 대한 대답들이 나와야 한다. 그런데 앞의 내용만 적고 나서 '다 됐다' 생각하면 면접 때 자소서에 적지 않은 부분들에 대한 질문이 나올 경우 당황할 수 있다. 아무리 본인이 경험했던 일이라도 미리 머릿속으로 가다듬어 놓지 않으면 면접관 앞에서 버벅댈 가능성이 농후하다. 그래서 자기소개서에 내용을 적으면, 그 이면의 디테일한 내용들을 모두 놓치지 않고 다시 한 번 복기하며 확실한 '내 것'으로 만들어야 한다. 배우가 캐릭터 소개에 없는 인물의 모든 부분들을 흡수해서 연기하는 것처럼, 여러분도 자소서에 일일이 다 적지 않은 부분들을 다 빠짐없이 소화시켜 놓아야 면접관이 어떤 어택을 하든 당당하게 방어할 수 있다.

그러니 최종적으로 자기소개서를 작성한 당신!

까만 글씨로 적혀 있지 않은 그 이면의 숨겨진 스토리까지 머릿속에 꼼꼼하게 정리해 놓아야 한다. 여기까지 달려오느라 수고 많으셨다.

이제 면접도 파이팅이다!

🙍 언니의 한마디!

☞ 이런 이유 때문에 특히!
  자기소개서에 거짓말을 쓰지 말자는 거야!

괜히 그럴듯한 '가짜' 에피소드를 적어 놓았다가 치명상을 입을 수도 있으니까.

PART 2

면접 '한 번에' 정복하기

면접 필승을 위해
우리가 할 수 있는 일은?

그들 앞에만 서면 왜 나는 항상 **떨리고 긴장**할까?

무슨 말을 어떻게 했는지 기억조차 나지 않을 만큼 정신이 없다.

면접장을 나오면서 왜 더 잘하지 못했을까 **후회막심했던 경험**은 누구에게나 있다.

수년간 준비했던 입사 면접, 바로 그 순간에 서 있다. 내 삶의 큰 방향이 이 자리에서 결정될 수 있다는 생각에 심장 박동이 빨라지고 커진다. 쿵쾅쿵쾅.

문제는 바로 이 **긴장감** 때문에 열심히 닦아 온 나의 실력과 나의 멋진 모습을 반도 보여 주지 못한 채 면접을 끝낸다는 사실이다. 200% 보여 줘도 모자랄 나의 가능성은 면접장에서 한없이 작게 쪼그라들었다.

결국, 나 역시 그저 그런 평범한 지원자가 되어 버렸고 이번에도 또 낙방이다.

참 익숙한 시나리오다.

하지만 당신이 지금 이 글을 읽고 있다면 다음 면접에서는 결말이 좀 다를 것이다. 합격의 기쁨이 멀지 않았음을 꼭 믿어 주길 바란다.

면접이란 어쩌면 **가장 쉽게 통과**할 수 있는 관문이다.

무엇보다도, 우리가 면접의 개념을 먼저 이해하는 게 관건이다.

면접의 본질? 결국 **사람과 사람 간의 커뮤니케이션**이다.

나에 대한 인상을 잘 심어 주고, 면접관과 원활히 소통하고, 질문에 딱 맞아떨어지게 대답하면 된다.

이 과정에 능숙해지는 데 누군가는 수년이 걸릴 수도 있다. 그러나 몇 가지 핵심 팁을 좀 익힌다면 단 며칠 만에도 눈에 띄게 성장할 수 있다.

면접을 종합 커뮤니케이션 예술쯤으로 이해하면 좋겠다.

이 책은 면접을 코앞에 두고 있는 애타는 지원자들에게 오아시스 같은 존재가 될 것이다. 당신이 알아야 할 중요한 포인트를 쉽게 짚어 줄 것이고, 그 결과 당신의 자신감은 차오를 것이다.

당신도 면접의 달인이 될 수 있음을 꼭 믿어 주길 바란다.

CHAPTER 4

첫눈에 사로잡은 나의 인상

인상 관리에 관한
언니의 한마디

면접관들이 뽑고 싶은 인재는 어떤 인상일까요.

수많은 지원자 가운데서 도대체 어떻게 하면 면접관의 눈을 사로잡는 훌륭한 인재임을 호소할 수 있을까요.

면접 장소에 들어가기 직전까지 우리는 이런 고민을 수도 없이 반복하게 되죠. 그리고 점점 나의 몸은 굳어집니다. 어떻게 해서든 잘 보이고 싶어서 미치겠다는 아주 강렬한 바람으로 본의 아니게 나는 긴장된 표정을 짓고 말아요.

"저는… 정말 참 괜찮은 지원자입니다."

오로지 이 한마디만 전달하면 되는데, 면접장에서 나는 이 말을 간접적으로 전달해야만 하는 거죠.

게다가 내가 아무리 날 좀 믿어 달라고, 난 훌륭한 지원자라고 직간접적으로 이야기해도 면접관이 그렇게 생각하지 않는다면 아무 소용없어요. 면접관들은 자기 눈에 보이는, 그리고 자신이 느끼는 지원자의 인상을 확실히 신뢰하기 때문이에요.

　면접 필승을 위해서 우리는 백 마디 말보다 한눈에 딱 들어오는 '적합한 인상'을 만드는 데 신경 쓰는 것이 훨씬 효과적일 수 있다는 사실을 받아들여야 해요.

═══ 01 ═══

책임감 있는
인재

  회사들의 큰 고민 중 하나가 인재 이탈이다. 과거와 달리 퇴사와 이직이 활발해진 환경 속에서 회사는 책임감 있고 성실하게 업무를 수행하며 회사에 득이 되는 인재를 뽑는 일에 더욱 신중해졌다. 그래서 면접을 통해 지원자들의 마인드셋을 끊임없이 확인하려 한다.

  이 세상 어떤 고용주도 직원이 무책임하게 시간을 보내면서 월급만 받아 가기를 기대하지 않는다. 공들여 키워 놨더니 다른 회사로 이직해 버리는 것도 원치 않는다. 이는 회사의 규모와 상관없다. 때문에, 면접관들이 자세히 살피는 것은 지원자의 인상에서 느껴지는 책임감이다. 회사 구성원으로서 책임을 지고 맡은 일을 잘 해낼 인재를 뽑으려고 최대한 애쓴다.

  '이 지원자는 입사해서 맡은 일에 책임을 다할 수 있을까.'

'이 사람을 뽑으면 우리 회사의 책임 있는 직원으로 남을까.'

면접 보는 내내 면접관의 머릿속에서는 이 질문이 떠나지 않는다. 인성이 좋고 실력이 좋은 것만으로는 면접관을 설득하기에 부족하다. 내가 책임감 있는 사람이라는 인상을 강하게 심어 줄 수만 있다면 그 면접의 결과는 긍정적으로 기대해도 좋다.

책임감의 중요성은 최근 실시된 '기업인이 원하는 인재상' 설문 조사에서도 명백하게 드러나고 있다. 기업이 선호하는 인재상은 책임감, 소통, 성실, 팀워크, 긍정적인 태도, 전문성, 도전, 배려, 위기 대응력 등의 순이다. 기업은 단연 책임감 있는 인재를 원한다. 면접을 앞두고 우리는 이 점을 절대로 간과해서는 안 된다.

> 짧은 면접을 통해 내가 책임감 있는 인재라는
> 신뢰를 심어 주려면 이렇게 하면 된다.

◈ 회사에 대해 아는 척

누구라도 들으면 알만한 대기업이 아니고서야, 보통은 우리가 지원한 회사에 대해 상세한 지식이 없다. 설령, 대기업이라 하더라도 그 회사가 무얼 하는 회사인지 정도만 알 뿐이다.

하지만 면접을 앞뒀다면 상황이 다르다. 회사 사정과 정보를 면밀하게 조사하고 면접에서 아는 척을 해야 한다. 너무 막연하다면, 적어도 이 세 가지는 알고 가자.

- 지금 이 회사가 직면한 가장 큰 과제
- 회사가 추진하고 있는 프로젝트
- 회사의 비전

회사 정보를 익혔기에, 면접 중간중간에 내용을 언급할 뿐 아니라 면접관에게 질문까지도 할 수 있는 정도라면 나의 회사에 대한 관심과 책임을 충분히 증명한 셈이다. 이미 면접관들은 이 지원자가 입사했을 때 믿고 일을 맡겨도 될 것이라는 인상을 받는다. 더욱이, 이렇게 회사에 애정이 있으니 이직 없이 꾸준히 근무할 지원자라고 여길 것이다.

◈ 최선을 다하는 태도

백 마디 말보다 하나의 언행으로 판가름이 난다. 면접관이 던지는 질문에 최선을 다해 답해야 한다. 최선을 다한다는 것은 나의 모든 지식과 관심을 쏟아붓는 것을 의미한다. 비록 모르는 질문이었다 하더라도 얼버무리기보다는 내가 아는 지식을 총동원해서 애쓰며 최선을 다하는 모습을 보여야 한다. 모른다면 솔직하게 인정하고 다른 답안을 찾아내려 노력하는 모습, 다른 사람의 질문까지도 경청하는 자세를 보여 줘야 한다. 그들은 답을 평가하기보다 답변하는 태도에서 책임감을 읽기 때문이다.

02

소통 능력
있는 인재

소통 능력에 대한 오해를 먼저 풀자.

회사에서 바라는 소통 능력은 단순히 말 잘하는 기술이 아니라는 점을 꼭 기억해야 한다.

조직에서는 단지 달변가를 원하지 않는다. 기업이 원하는 인재상으로서 소통 능력은 업무의 효율과 연결돼 있다. 제아무리 능력이 차고 넘치는 인재라 하더라도 타인과의 소통 능력이 부족하다면 조직에 득이 되지 못한다는 사실을 면접관들은 너무나도 잘 알고 있다. 면접 시에는 이 점을 염두에 두고 소통 능력을 어필해야 한다.

> 나의 소통 능력을 선보일 수 있는 기회가 바로 면접이다.
>
> 기업에서 원하는 소통 능력을 구체화해 보면 다음과 같다.

업무 내용을 잘 파악하고 정확히 전달하는 능력
꼭 필요한 핵심을 간결하게 제시하는 능력
조직 구성원 간 적절하게 의견교환 할 수 있는 능력

좀 친절히 해석하면 다음과 같다.

업무 내용을 잘 파악한다는 것은 **말귀를 잘 알아듣는다**는 뜻이다.

정확히 전달하는 능력은 오해의 소지 없도록 **표현을 명확히 똑바로** 한다는 뜻이다.

핵심을 간결히 제시한다는 것은 부연 설명은 줄이고 **본론만 간단히** 한다는 뜻이다.

적절한 의견교환을 한다는 것은 **원만하면서도 해야 할 말은 한다**는 뜻이다.

이런 능력은 실제로 입사해서 업무를 볼 때 드러나게 된다. 하지만 면접 경험이 많은 면접관들은 몇 마디 말을 나눠 보는 것만으로도 입사자의 소통 능력을 미루어 짐작한다. 지원자가 어떤 식으로 대답을 하는지 전반적인 평가를 통해서 입사 후 소통 능력을 파악한다.

회사 내에서 소통의 고수라는 인상을 풍기고 싶다면 위에 적힌 해석을 나의 화법에 그대로 적용시키면 된다.

- 반드시 묻는 질문에 대한 답을 할 것
- 대명사나 비유보다는 의미가 분명한 직설적인 단어를 사용할 것
- 무조건 두괄식으로 답할 것
- 상대의 말을 경청하지만 할말이 있을 때는 머뭇거리지 말고 단호히 말할 것

묻는 말에 간단 명료히 대답하는 데 초점을 둔다면 적어도 소통 능력 없다는 인상을 주지는 않는다.

03

성실한
인재

"뽑아만 주시면 성실하게 일하겠습니다."

혹시 면접 때 이런 말을 할 계획이었다면 지금 당장 그 생각을 버려야 한다. 물론 이 말을 절대로 하지 말라는 뜻은 아니다. 최종 면접에 들었거나 편안한 분위기가 형성됐을 때라면 호감을 사는 말이 될 수 있다. 그러나 보통의 면접에서 다짜고짜 나의 간절함을 이런 식으로 표현한다면 오히려 무능한 인재로 낙인찍힐 각오를 해야 한다. 회사가 원하는 성실한 인재란 군말 없이 시키는 일만 묵묵히 하면서 아무런 발전도 변화도 없는 인재가 아니기 때문이다.

회사가 탐낼 만한 성실한 인재란 매사 성실한 태도로 임할 자세가 된 사람이다. 그러므로 나의 일상에서 성실한 태도가 얼마나 몸에 배어 있는지를 보여 주는 것이 가장 효과적이다. 성실함은 말로써 설득되지도 않고 말로써 표현할 수도 없다는 점을 잊지 말아야 한다.

내가 정말 성실하다는 호소가 허공에서 사라지는 메아리가 되지 않으려면 나의 실제 경험담을 사례로 이야기하는 것이 가장 설득력 있으면서 효과적이다.

그럼, 면접에 임하기에 앞서 지금까지 나의 생활을 한번 돌아보는 시간을 가져 보자.

내가 정기적으로 참여하고 있는 모임이나 클럽이 있는가.

때마다 방문해서 봉사활동을 하는 곳이 있는가.

등산, 사이클, 혹은 피트니스 같은 운동을 규칙적으로 하는가.

눈치챘겠지만 이런 사례의 핵심은 지속성이다.

우리가 지금 당장 해야 할 일은 지금까지 꾸준히 참여해 온 그 어떤 활동이라도 떠올려서 목록을 만드는 것이다. 타이틀이 거창할 필요도 없고 어려운 임무가 아니었어도 괜찮다. 누가 강요하지 않았음에도 스스로와의 약속을 열심히 지켜 낸 성실한 나의 활약상을 들려줄 수 있으면 된다.

긍정적인 태도를
가진 인재

회사 입장에서는 매사를 긍적적으로 바라보는 인재가 소중하다. 일을 하다 보면 난관에도 부딪히고 예기치 못한 사고가 발생하기도 한다. 그때마다 위기를 기회로 바꿀 수 있는 것은 긍정적인 사고방식이다.

긍정적인 태도는 표정이나 말투에서 쉽게 드러난다.

환한 얼굴빛, 웃는 입꼬리, 초롱초롱한 눈빛을 가진 지원자를 냉소적인 사람이라고 오해할 면접관은 없다. '아니오'라는 말보다 '네'라는 표현을 더 많이 쓰는 사람을 보고 부정적인 태도를 가졌다고 여길 리 없다.

우리가 어떤 매장을 방문했을 때나 회사의 직원을 만날 일이 있을 때를 한번 떠올려 보면 훨씬 쉽다. 상대가 웃는 표정으로 상냥하게 나를 응대한다면 물건을 더 사고 싶어지고, 회사에 대해 좋은 이미지가 생긴다. 그런데 그 직원은 사실 큰 공을 들였다기보다 긍정적인 말투와 표정을 보여 줬을 뿐이다.

면접을 볼 때도 똑같다. 가급적 미소를 짓고 잘 웃을 수 있도록 해보자. 그러면서 목소리에는 밝고 신나는 기운이 돌 수 있도록 신경을 좀 써보자. 물론 한 번에 다 될 수는 없지만 이런 시도가 반복되면 분명히 나도 모르는 사이 자연스러워진다. 긍정의 기운을 내보이는 지원자에게 면접관들은 심리적으로 끌리고 결과적으로 더 높은 점수를 부여하게 된다.

자, 이런 긍정적인 말과 행동이 좋은 건 알겠지만 나에게는 생활화되지 않았다는 것이 문제다. 좋은 말만 하고 살기에는 우리 삶이 너무나도 현실적이다. 하루에도 여러 번 부정적이고 나쁜 말을 내뱉을 수밖에 없다. 적어도 지금부터 평소 생활에서 이런 표정과 말투를 염두에 두고 생활하는 게 중요하다. 말투나 표정은 하루아침에 달라질 수 없다. 아무리 다짐하고 면접장에 들어가도 막상 면접 도중에는 나의 평소 언행이나 태도가 그대로 드러나기 마련이다. 그러니 밝고 환한 표정과 긍정적인 태도가 서서히 몸에 밸 수 있도록 해야 한다.

만일 면접이 얼마 안 남았고 긍정의 태도가 몸에 배지 않았다면? 좌절할 필요 없다. 우리에게 남은 시간이 충분하지 않다면 다음과 같은 응급처방이 매우 유용하다.

말투 응급처방

마치 게임을 하듯이 어떤 대화 상황에서도 '안 돼', '아니', '몰라' 등의 부정적인 단어를 쓰지 않도록 한다. 이들 단어 대신 긍정적인 의미의 단어를 사용해 우회적으로 표현하는 연습을 한다. 예를 들어, "그건 너무 어려워서 안 될 것 같아."라는 말 대신 "그걸 내가 할 수 있는 방법이 있다면 참 좋겠네." 이런 식으로 말이다.

표정 응급처방

아침에 일어나면 거울을 보고 입꼬리를 올리며 웃는 표정을 짓는다. 하루 종일 어떤 말을 하고 나면 그 내용과 상관 없이 입꼬리를 양쪽으로 활짝 올려서 마치 웃는 것 같은 얼굴을 만든다. 예를 들면, "아 정말 배가 부르다."라고 말한 뒤 입꼬리를 올리고, "오늘 또 야근을 해야 하네."라고 말하고 나서도 입꼬리를 올려 준다. 물론, 이때 눈웃음을 함께 지어야 한다. 이런 훈련이 반복되면 내 얼굴 근육은 웃는 표정을 기억하게 되고 말할 때 훨씬 자연스러운 표정으로 배어 나올 수 있다.

05

배려심 있는
인재

조직이 크고 복잡할수록 그 안에서의 인간관계는 쉽지 않다. 이 기적이라는 인간의 본성을 발휘하게 되는 순간 조직 내의 유대감은 사라지고 긴장감이 커진다. 한마디로, 회사 분위기가 싸늘해지는 것이다. 이런 분위기 속에서는 업무의 효율은 낮아지고 소속감도 느슨해지니 회사에는 손해다. 이런 이유로 회사는 남을 배려할 줄 아는 지원자, 이타적인 사람을 직원으로 뽑으려는 경향이 있다.

면접관들은 지원자가 배려심이 있는 사람인지 직접적으로 물어보지 않는다. 지원자가 자기소개서에 자신이 참으로 배려심 있는 사람이라고 호소해도 면접관들은 딱히 믿지 않는다. 면접관들은 면접을 보고 있는 지원자의 행동을 직접 관찰하며 즉석에서 판단한다. 그러니 면접을 보는 동안의 행동 역시 면접 내용만큼이나 중요하다는 사실을 꼭 기억해야 한다. 면접을 볼 때 사소하고 중요하지 않은 행동은 없다는 점을 머릿속에 넣어 두어야 한다.

경청

다른 사람의 이야기를 경청하는 것이야말로 상대방을 배려하는 가장 위대한 행동 중 하나다. 상대의 입장을 이해하고 그의 감정을 공감하기 위해서는 경청이 선행되어야 한다. 나를 앞세우기보다 공통체 속에 함께 있는 상대방을 존중하며 배려하는 행동은 바로 이 경청으로부터 시작된다. 오랜 기간 조직 생활을 해온 면접관들은 경청의 소중함을 체득해 온 사람들이다.

양보

면접장에 함께 있는 다른 지원자는 가장 경계해야 할 경쟁자임이 틀림없다. 그들에게 양보를 한다는 것은 용납할 수 없다. 하지만 이 상황에서도 양보의 미덕을 발휘할 수만 있다면 오히려 더 후한 점수를 받을 수 있음을 기억하자. 치열하게 악착같이 경쟁하려는 모습보다 양보하는 여유를 가진 지원자에게 면접관들은 더 호감을 느낀다. 사소한 것에서 양보하자. 발표 순서, 들어가고 나가는 순서, 앉는 순서 등 결정적이지 않은 부분에서는 무조건 양보하는 태도를 보이는 편이 더 유리하다.

반응

면접관이 하는 말은 물론이고 다른 지원자가 하는 말에 고개를 끄덕이거나 공감하는 듯한 반응을 보여 줘야 한다. 나만 발표를 잘하면 그만이고 내 할 말만 하는 자세는 면접관이 보기에 매우 비호감이다. 조직 생활에서도 자기만 아는 사람일 것이라고 짐작하게 된다. 즉, 남이 하는 이야기에도 성의 있게 귀 기울이고 고개를 끄덕이거나 함께 웃어 주는 등의 적절한 반응을 보여줌으로써 배려심 있는 사람이란 긍정적인 인상을 줄 수 있다.

06

배포 있고 당차며
스펙을 뛰어넘는 인재

　불가능해 보이는 프로젝트도 신념으로 추진할 수 있는 인재라면 회사는 두 팔 벌려 환영할 것이다. 자신감도 높아 보이고 무슨 일을 맡겨도 시원스럽게 해결할 것 같은 배포 있고 당찬 인재에게 면접관의 눈길이 머물 것이다.

　배포 있어 보이는 이미지는 무엇보다도 우렁찬 목소리와 당당한 자세에서 나온다.

> 면접을 보는 동안 이런 행동 수칙에 좀 신경을 쓰면
>
> 배포 있고 당찬 인재라는 이미지를 만들 수 있다.

배에 힘을 주고 큰 목소리로 말하기

말끝 어미를 "~요"라고 하지 말고 "~다"라고 답하기

질문에 답을 할 때 "네!"라고 먼저 힘차게 말한 뒤 이야기하기

환하게 웃음 띤 얼굴 표정 짓기

면접관들과 자신 있게 눈 마주치기

어깨를 웅크리지 말고 어깨 힘을 뺀 채 턱과 어깨가 멀어진다는
　느낌으로 팔을 바닥쪽으로 늘어뜨리기

양손을 마치 계란을 쥔 듯 말아 쥐기

두 다리로 꼿꼿하게 서서 배에 힘을 주고 허리는 펴기

앉아 있다면 의자 안쪽으로 깊숙이 앉아서 허리를 곧게 펴기

또한 면접장에 들어섰을 때와 면접을 끝내고 나가기 전에도 면접관들을 향해 시원스럽게 45도 각도의 인사를 하면 당당한 첫인상을 만드는 데 효과가 있다.

*

입사했을 때 지원자의 화려한 스펙이 전부는 아니라는 사실을 회사는 잘 알고 있다. 그럼에도 불구하고, 마땅히 지원자의 다른 능력을 검증하기가 애매하기에 스펙에 의존하는 경향이 있다. 적어도 출중한 스펙을 가진 지원자는 성실하고 기본 이상은 할 것이라는 기대감과 함께 말이다.

사실, 회사에서 원하는 인재는 보편적인 스펙만 화려한 인재보다 회사에 꼭 필요한 전문성을 가진 인재다. 누구라도 가지고 있는 영어 점수나 자격증이 아니라 업무와 관련된 경험이나 기술을 지닌 인재를 선호한다. 다시 말해, 스펙보다 중요한 것은 회사의 인재상에 부합되는지 아닌지 여부다. 다른 지원자들과는 차별화된 특별한 경험이 있다면 제아무리 완벽해 보이는 스펙을 갖춘 다른 지원자보다도 면접관들의 눈에 들 것이 확실하다.

　면접장에서 자신의 낮은 스펙 때문에 기죽지 않는 것이 가장 중요한 목표다. 본격적으로 면접이 시작되기 전부터 그런 느낌에 사로잡혀 있으면 나도 모르게 위축되면서 자신감이 사라진다. 이때부터는 아무리 애써도 나의 절망적인 느낌이 면접관에게 전달된다. 자신감 없고 패배자의 기운을 안고 있는 지원자를 뽑아 줄 리 없다.

　회사들은 단순히 스펙보다는 회사의 특성에 맞는 전문성에 훨씬 큰 가치를 둔다. 여기에서의 전문성이란 이론적인 지식은 물론이고 기술적인 능력, 다양한 경험, 그리고 이를 향한 열정과 관심을 모두 포함한다. 예를 들어, 나무를 파는 회사는 나무에 관한 전문지식이 있고 나무를 심고 자르는 기술이 있고, 나무를 키워 본 경험이 있고, 나무에 대한 애정이 깊은 지원자를 뽑고 싶은 것이다. 공인 영어시험 점수가 높고, 논술 점수가 높고, 대학교 학점이 만점이기만 한 지원자라면 회사 입장에서 딱히 매력적인 인재가 아니다.

면접에 임할 때, 영어 점수나 학벌 등 겉으로 드러나는 스펙이 남들보다 못한 것 같아서 미리 주눅 들 필요는 없다. 면접관들도 입사 지원서에서 천편일률적인 시험 이야기를 듣고 보는 데 질렸을 확률이 매우 높다. 만일 업무 관련성이 있거나 누가 들어도 독특한 경험을 갖고 있다면 자랑스럽게 면접관에게 나의 이야기를 들려주도록 하자. 더불어, 업무 관련된 나의 마인드셋을 나의 경험 속에 녹여서 이야기를 풀어 나갈 수 있다면 그 어떤 스펙보다 강력한 나의 가능성을 어필하며 차별화된 인재로 각인될 수 있다.

07

팀워크 좋은 인재

경력이 화려하고 성적과 스펙이 우수한 인재라고 해서 조직 생활에 무조건 성공적으로 안착하는 것은 아니다. 두루두루 원만한 인간관계를 유지하고 직장 내에서의 팀워크를 견고히 하기 위해서는 친화력과 소통 능력이 필요하다. 함께 일하는 사람의 입장을 이해하고 내 생각도 적절하게 공유할 수 있다면 원만한 팀워크를 이루어 낼 수 있다. 결국, 공감 능력이 관건이다.

면접관들은 지원자의 공감 능력이 어느 정도인지 살핀다. 따라서 지원자는 훌륭한 팀워크를 이루어 낼 수 있다는 인상을 주기 위해서 공감 능력이 있음을 보여 줘야 한다. 면접관이 공감 능력을 가늠할 수 있는 단서는 주로 대화 중에 드러나는 비언어적 행동을 통해 나타난다. 공감 능력을 강조하기 위해서는 다음과 같은 점에 신경을 써야 한다.

상대방의 이야기를 얼마나 귀 기울여 듣고 감정을 이해하는가

기분 좋은 이야기라면 웃는 얼굴을 하고, 좀 안타까운 이야기라면 안쓰러운 표정으로 들어줘야 한다. 딱히 부정적이거나 긍정적인 감정이 섞여 있지 않은 이야기라면 고개를 끄덕이며 경청하고 있음을 드러내야 한다. 그리고 시선을 다른 데로 돌리지 말고 말하는 사람을 바라보아야 한다.

같은 공간에서 대화 나누는 데 상대를 경청하지 않는 행동은 공감 능력 없는 사람의 전형이다. 회사와 같은 공동체 안에서는 나 아닌 다른 사람의 입장도 생각하는 배려가 필요하다. 구성원이 모두 이런 태도를 가지고 있다면 당연히 팀워크는 좋아진다. 면접관들은 이러한 회사 구성원을 모집하고 싶어 한다.

상대가 하는 말에 어떻게 반응하는가

상대의 말을 들을 때는 표정이나 제스처 등의 반응이 지속적으로 그리고 실시간으로 나와 줘야 한다. 상대방의 이야기를 들으면서 반응이 없거나 혹은 그 반응이 형식적이면 상대의 말을 경청하고 있지 않다는 인상을 주기 쉽다.

자신의 말에 적극적으로 반응해 주는 사람과 대화하기 싫어하는 사람은 없다. 게다가 맞장구를 잘 쳐주는 사람에게는 호감이 생긴다. 상대의 말에 반응을 잘하는 사람은 어떤 조직에서도 원만한 인간관계를 유지하게 된다. 면접관들도 이런 지원자와 함께 일하고 싶어질 것이다.

상대의 말을 다 듣고 난 뒤 자신의 말을 시작하는가

상대가 말을 다 마치기도 전에 말을 끊고 불쑥 자신의 이야기를 시작하는 건 좋지 않다. 상대방을 존중하지 않고 자신만 아는 사람으로 보일 수 있을 뿐 아니라 원활한 의사소통 능력이 부족하다는 인상을 줄 수 있다. 좀 지루하더라도 상대방의 말을 다 듣고, 말이 끝난 뒤에 비로소 내 얘기를 시작해야 한다.

남의 말을 끊고 자기 말을 앞세우는 습관은 조직 내에서 불협화음을 만들어 낼 수 있다. 상대가 하려는 말의 의미를 오해할 여지가 있을 뿐 아니라 함께 대화하는 사람의 기분을 상하게 하는 행동이기 때문이다. 면접관의 눈에 이런 행동은 자칫 호전적인 지원자로 비춰질 수 있다.

08

열정적인
인재

무슨 일을 맡겨도 신나게 열심히 할 것 같은 열정 충만한 지원자는 회사가 탐내는 인재다. 입사도 하기 전부터 어려운 일은 꺼리고 소극적인 태도를 가진 지원자라면 회사는 절대로 뽑지 않는다. 열정이 차고 넘치는 신입사원도 그 열정이 식어 버리기 마련인데 열정 없는 지원자라면 처음부터 배제 대상이다. 면접을 보면서는 열정이 하늘을 찌르는 듯한 기세를 보여 줘야 한다.

면접을 보면서 '화이팅'을 외치지 않더라도 당장 일터로 달려나갈 듯한 열정을 보여 줄 수 있는 방법은 있다. 면접 중간중간 다음과 같은 뉘앙스의 말을 자주 하면 효과적이다.

"아! 네 그건 제가 정말 관심 많은 주제입니다."
"재미있고 끈기 있게 할 수 있을 것 같습니다."
"꼭 해보고 싶었던 일입니다."
"어려운 일에 도전하는 것을 좋아합니다."
"힘든 일은 오히려 저에게 자극이 됩니다."
"제 자신의 한계를 시험해 보는 기회는 소중합니다."

이외에도 신입사원으로서 열정을 호소할 수 있는 멋진 말들은 많이 있다. 한번 떠올려 보자.

열정을 보여 줄 수 있는 말, 이 말에는 공통점이 있다. 말 속에 흥미로움이 가득하다. 어렵다고 포기하려는 태도는 없다. 오히려 어려움에 직면하면 엔돌핀이 솟아나고 더 적극적으로 일에 매달리겠다는 의지가 드러난다. 면접을 보는 상황에서 힘든 일에 대한 주제가 나왔을 때 이런 열정적인 모습을 적극적으로 드러내야 한다.

면접관이 어떤 주제의 과제를 언급하더라도 그에 대해서 흥미로움을 나타내는 반응을 강하게 보여 줄 수만 있다면 열정적인 인상을 심어 줄 수 있다.

어떤 일에 흥미가 없으면 열정적으로 임할 수 없다. 그렇기 때문에 면접을 앞두고 있다면 그 회사에서 내가 맡을 것이라고 예상되는 일의 분야를 미리 좀 살펴봐야 한다. 그 일에서 나의 흥미를 자극하는 포인트가 무엇인지 충분히 생각해 보고 실제로 신나게 그 일을 맡아 하는 상상도 해봐야 한다. 또한 내가 직면할 수 있는 어려움도 예측해 보고 어떤 마인드셋을 가지면 난관을 통과하고 임무를 완성할 수 있는지도 다각도로 고민해야 한다.

이런 정도의 노력도 하지 않는다면 당신은 열정적이지 않은 인재다.

09

원만한 성격과
센스 있는 인재

    원만한 성격을 가진 사람은 남들과 대화할 때 비교적 적극적이고 다른 사람의 의견을 잘 받아들이는 성향이 있다. 상대방을 괜히 오해하지도 않을뿐더러 누가 무슨 말을 하면 액면 그대로의 의미를 잘 수용한다. 자존감이 높은 사람이기 때문에 피해의식이 없다.

    면접을 볼 때 지원자의 태도가 이와 비슷하다면 면접관들은 그가 원만한 성격의 소유자이며 입사 후에도 팀원들과 잘 지내고 불필요한 불화를 일으키지 않을 것이라고 짐작한다.

    반면, 지원자가 다소 냉소적인 반응을 보이며 말을 한다든가 다른 사람의 말을 듣는 둥 마는 둥 하는 식의 태도를 가졌다면 그는 여지없이 불합격이다. 면접관들은 그가 입사하더라도 조직 구성원으로서 원만한 인간관계를 유지하지 못할 것을 알기 때문이다.

    앞서 언급했다시피, 이런 부정적인 태도는 자존감의 부재로부터 시작된다. 나조차도 나를 인정하지 않기 때문에 남들도 나를 좋지 않게 볼 것이라는 피해의식에 차 있다. 그 결과, 지나치게 방어적인 태도가 냉소적인 반응으로 드러난다.

평소 자신을 사랑하고 자존감이 높은 사람이라면 성격 좋다는 인상을 인상을 만들기 위해 굳이 애쓰지 않아도 벌써 그 분위기가 풍긴다. 나 자신을 내가 가장 사랑한다면 굳이 애쓰지 않아도 성격 좋은 서글서글한 인상을 갖게 된다. 그런데 그게 좀 부족하다면 말투와 표정에 조금만 신경을 써도 충분히 만회 가능하다.

꼬인 데 없이 원만한 성격이면서 원만한 인간관계를 유지할 것 같은 표정과 말투를 위해서 다음과 같은 점을 좀 신경 쓰면 좋다.

말을 마친 뒤 입꼬리를 너무 강하게 잡아당기지 않는다.
입술을 지나치게 꽉 다물고 있지 않는다.
다른 사람의 말을 들을 때 상대와 시선을 맞춘다.
말할 때와 하지 않을 때 모두 눈가와 입가에 웃음기를 띤다.
무표정한 얼굴은 절대로 금지한다.

상대의 말에는 항상 "아~ 네~"라고 부드럽게 반응한다.
"그럴 수도 있겠네요."라는 뉘앙스로 내 말을 시작한다.
"그건 아니고요, 이게 맞아요."라는 표현은 지양한다.

센스는 상대를 배려하는 것에서 시작된다.

업무 자료를 만들 때도 보는 사람의 입장을 배려하면 벌써 다르다. 강조해야 할 부분을 두드러지게 표시하면 보는 사람은 자료를 이해하는 게 훨씬 편하고 쉽다. 전달력이 향상됨은 물론이다.

업무상 미팅을 할 때, 상대방이 어떤 이야기를 듣고 싶어 하는지 눈치채서 속 시원하게 먼저 풀어 나가면 분위기도 좋아지고 일의 진척이 빠르다. 이런 식으로 일을 할 수 있는 인재는 단지 '능력' 있는 게 아니라 '배려하는 마음'을 바탕으로 한 센스가 높은 것이다.

일 센스가 높은 사람이 회사에 있으면 같은 시간을 들여도 업무 효율이 높아지고 같은 일을 해도 업무 성과가 더 좋아진다. 회사 입장에서는 한 사람이 여러 몫을 하는 셈이라 센스 있는 인재를 선호한다.

센스의 또 다른 측면은 상대의 마음을 읽는 것이다. 단지 상대의 입장을 배려하는 것을 넘어서 상대가 어떤 마음일까 무슨 생각을 하고 있을까를 헤아릴 수 있는 감각적인 능력이다.

면접관에게 이런 질문을 들었다고 가정해 보자.

"전공은 물리학을 했네요. 취미는 무엇인가요?"

이제 면접관의 마음을 읽어 보자.

면접관은 왜 느닷없이 전공과 취미를 함께 언급했을까?
면접관은 이 질문을 하면서 무엇을 생각했을까?
면접관은 이 질문을 통해 무엇을 알고 싶은 것일까?

이런 식으로 한 번 더 생각하고 조금 더 깊게 생각하면 면접관의 의도를 눈치챌 수 있다. 면접관은 지원자가 어려운 물리학을 전공했으니 혹시 물리와 관련된 독특한 취미가 있을까 궁금했던 것이다. 나아가, 물리라는 학문을 통해서 혹시 회사에 기여할 수 있는 바가 있지는 않을까 들어 보고 싶었던 것이다. 센스 있는 인재라면 면접관의 의도를 눈치채고 면접관이 호감을 가질 만한 취미를 언급한다. 비록 그게 진정한 취미가 아닐지라도 상관없다.

이렇게 면접관의 질문 속에 들어 있는 진짜 의미를 찾아낼 수 있는 센스가 필요하다. 면접관의 의도를 잘 파악하고 면접관이 흡족할 답을 하는 지원자라면 센스 있다는 인상과 더불어 자신의 센스 덕에 합격에 성큼 다가가게 된다.

10

똑똑한
인재

　똑똑하다는 것은 공인 영어 점수가 높고 학교 성적이 우수한 것만을 의미하지 않는다. 면접관들이 염두에 두는 똑똑함이란 업무를 가장 효율적으로 진행하고 목적에 맞는 결과물을 만들어 낼 수 있는 전반적인 능력이다.

　또한 업무의 인과관계를 잘 이해하고 무리한 업무 추진으로 인해 부작용이 생기지 않도록 일을 순조롭게 풀어 가는 능력이다. 따라서 면접관들은 비슷비슷한 점수와 스펙을 가진 지원자들 중에서 누가 지혜로운 일머리를 가졌는지 면밀히 살필 것이다.

　면접관들은 일단 질문을 통해서 지원자의 똑똑함을 가늠하려 할 것이다. 그래서 지원자가 곤란해할 만한 질문을 일부러 툭 던진다.

"직장에서 두 명의 다른 상사가 정반대의 지시를 한다면 어떻게 할 건가요?"

사실, 이 질문에는 정답이 없다. 당연히 상황에 따라 대응하는 방식이 달라지기 때문이다. 그럼에도 불구하고 면접관들은 지원자의 답변을 들으면서 그가 막상 입사해 업무를 담당하게 된다면 얼마나 지혜롭고 똑똑하게 맡은 일을 수행할지 예상한다.

"업무의 성격에 따라 달라질 수 있을 것 같습니다."
"팀원들과도 상의한 뒤 의견을 모아서 두 분 상사와 논의해 보겠습니다."

지혜로움을 알아보려는 질문은 주로 이러지도 저러지도 못할 상황이거나 딱히 뭐가 맞다고 하기 애매한 상황을 묻는 경우가 많다. 그럴 때는 이런 식으로 열린 가능성을 제시해야 한다.

내가 알고 있는 지식을 바탕으로 고지식하게 정해진 답이 있다는 식으로 말하는 태도를 지양해야 한다. 대신, 매끄러운 업무 진행을 위한 유연한 자세, 누구와도 협의하며 최선의 결과를 만들어 가겠다는 의지를 피력하는 것이 좋다.

감을 잡았겠지만 면접관이 원하는 똑똑한 인재는 공인 시험 점수가 높은 사람이 아니라 야무지고 똑부러지게 그러면서도 별탈

없이 수월하게 일을 해낼 만한 인재다. 제출 서류에 적힌 영어 시험 점수가 낮다고 주눅 들 것 없다. 누구보다도 일머리 있고 깔끔 신속하게 할 일을 완수하는 현명한 인재임을 강조하기만 하면 된다.

11

믿음직하고
도전 정신 있는 인재

믿음직한 인상을 주기 위해서는 남에게 책임을 떠넘기지 않고, 일단 내 선에서 최선의 노력을 다하겠다는 자세가 가장 중요하다. 한마디로 '날 믿으세요. 맡은 일은 끝까지 책임지겠습니다.'를 몸소 실천하는 인재가 되어야 한다.

하지만 실제로 같이 일해 보지도 않은 상황에서는 지원자가 어느 정도 믿음직한지 정확하게 예측하기는 어렵다. 그러나 면접관들은 지원자의 답변 태도와 말투를 보면 그 지원자가 어느 정도 믿음직한 인재인지 대강 가늠할 수 있다. 오랜 직장 생활을 통해 직원들의 다양한 행동 양상을 이미 많이 보고 겪어 왔기 때문이다.

면접관과 대화할 때 다음과 같은 표현을 많이 사용하면 도움이 된다.

"저는… 이렇게 하겠습니다."

"제가… 해보도록 하겠습니다."

"그동안 제가… 앞으로도 제가…"

위 답변은 공통적으로 '저는' 혹은 '제가'와 같은 단어를 사용했고 내가 주도적인 역할을 한다는 느낌을 준다. 같은 말이라도 "그런 업무는 자신 있습니다."라고 말하기보다는 "저는 그런 업무에 자신 있습니다."가 좋다. "그동안 많이 해봤습니다."보다는 "그동안 제가 많이 해봤습니다."라고 주어를 추가했을 때 그 말 속에서 훨씬 듬직함이 느껴진다.

믿음직한 인재라면 일을 남에게 미루지 않고 자신이 책임 있게 맡아서 처리한다. 회사에서는 이런 직원에게 어떤 임무라도 믿고 맡길 수 있다. 따라서 믿음직한 인재라는 인상을 주려면 어떤 답변을 하더라도 '내가 꼭 합니다'라는 뉘앙스를 풍기도록 해야 한다.

*

젊은이의 도전정신과 진취적인 기상은 같이 근무하는 동료 선후배들에게 활력 있는 에너지를 전파하고 회사 내의 분위기를 고양하는 아주 좋은 요소다. 아직 입사도 안 했는데 기죽어 있는 지원자는 당연히 탈락이다. 새로운 시도와 도전을 겁내지 않고 용기 있게 매달리겠다는 의욕이 타올라야 한다.

면접관들은 이런 질문을 자주 한다.

"우리 회사는 일이 많은 편인데 괜찮겠나요?"

"입사하면 일이 쉽지 않을 텐데 할 수 있겠어요?"

면접에 임하는 지원자들은 이런 질문에 당연히 업무량은 문제 없다고, 괜찮으니 열심히 일하겠다고 답한다. 하지만 면접관들은 그 말이 본심인지 아닌지 즉각 알아챌 수 있다. 지원자의 태도에서 다 드러나기 때문이다.

일단 대답이 한 치의 망설임 없이 즉각 나와야 한다.

눈동자가 흔들리지 않고 면접관의 눈을 바라봐야 한다.

자신이 맡게 될 일에 대한 기대감으로 표정이 밝아져야 한다.

어깨와 고개가 으쓱 올라가며 자신감 차오르는 자세가 돼야 한다.

하지만 이보다 더 확실한 증명은 실제 겪은 경험담을 면접관에게 들려주는 것이다. 말로만 "열심히 하겠습니다."가 아니라 과거에 정말로 도전을 받아들이고 이에 멋지게 대응하며 헤쳐 나갔던 사례를 얘기할 수만 있다면 완벽하다.

면접을 앞두고 있는 지원자들은 그동안 자신이 이겨 낸 어려움이나 용기 있게 시도했던 일들을 찾아서 미리 좀 정리해 둬야 한다. 그런 사례를 들어가며 내가 이런 난관도 헤쳐 나간 사람인데 회사에서 일하며 직면하는 곤란함쯤은 거뜬히 받아들이고 이겨 낼 인재라는 믿음을 심어 주며 설득할 수 있다.

여기에 더해, 회사 발전을 위해서라면 없던 일도 만들어 추진할 에너지 넘치는 사람임을 강조한다면 금상첨화다. 면접관이 어떤 도전적인 질문을 하더라도 긍정적인 태도로 응수하고 충분한 자신감을 호언장담해서 나쁠 것은 없다.

자, 이런 기백으로 면접장에서 누구보다도 멋진 나의 인상을 만들자. 합격은 당신의 것이다.

CHAPTER 5

단번에 달라지는 나의 말투

말투 교정을 위한
언니의 한마디

말주변이 없어 면접에서 곤란을 겪으시나요?

지식은 많은데 그걸 말로 조리 있게 표현하지 못해서 불이익을 받는 것 같지요?

다른 조건은 충분한데 나의 소통 능력이 부족해 면접에서 떨어지는 억울한 일은 없어야겠죠. 면접까지 왔다면, 여러분은 합격의 8부 능선을 넘은 셈이잖아요.

소통 능력은 여러분이 조금만 신경 써도 눈에 보이게 향상될 수 있어요. 완전히 완벽하게 달라질 수는 없지만 지금보다 훨씬 나은 모습으로 바뀔 수 있어요. 그러니 이 책을 보고 시간을 조금 투자하지 않으면 손해지요.

나의 부족한 소통 능력이 단박에 상승하는 마법 같은 해결 방법을 소개합니다.

01

발음이 문제라면
이렇게 고치세요

다른 성적이나 스펙이 우수하더라도 막상 면접에서 부정확한 발음으로 대화하다 보면 면접관들의 신뢰를 잃어버리기 쉽다. 게다가 호감도까지도 낮아질 우려가 있다. 평소에 내 발음이 부정확하다고 고민될 때 당장 좀 나아지게 할 수 있는 몇 가지 팁이 있다.

모음의 음가를 제대로 사용하기

우리가 발음에 큰 신경을 쓰지 않고 그저 편하게 말하다 보면 모음의 발음을 제대로 살리지 않을 때가 많다. 모음을 발음하는 데도 은근히 에너지를 써야 한다.

〈실전연습〉

아래의 문장을 무심히 한번 읽어 보면서 녹음해 보자.

"왜 그랬는지 제가 의도를 여쭤보겠습니다."

그리고 하나하나 확인해 보자.
- '왜'의 모음 'ㅗ'와 'ㅐ'가 합쳐진 이중모음 'ㅙ'의 발음을 정확히 했는가?
- '제'의 모음 'ㅔ'는 '재'처럼 발음하지 않았는가?
- '의'의 모음 'ㅢ'는 확실히 했는가?
- '여쭤'에서도 모음의 음가를 하나하나 살려 발음했는가?

이번에는 모음의 발음을 정확히 한다고 신경 쓰면서 다시 읽고 녹음해서 들어 보자.

이렇게 모음 발음만 정확히 해줘도 발음에서 드러나는 문제는 많이 고쳐진다.

입술을 부지런히 움직이기

모음뿐 아니라 자음까지 또박또박 발음하기 위해서는 입술이 부지런해야 한다.

'이사'와 같이 모음 'ㅣ'가 들어가는 발음에는 입술이 양쪽으로 쭉 벌어져야 하고, '우리'와 같이 모음 'ㅜ'가 들어가면 입술을 앞으로 쭉 내밀어야 하는 식이다.

'먹고 가죠'를 발음한다고 하면, '먹'을 발음할 때 입을 확실하게 벌려서 동그랗게 만들어 주고 '고'를 발음할 때는 입술에 힘을 주고 작게 오무려야 한다. '가'는 입술을 열어 주고 마지막으로 '죠'를 말할 땐 확실하게 다시 입술을 모아야 한다.

이런 식으로 입술을 의식적으로 움직이는 것이 처음에는 매우 어색하고 불편할 수 있다. 그러나 단 며칠 동안이라도 발음과 입 모양을 의식하며 연습하면 금세 익숙해지고 발음은 점점 정확해질 것이다.

02

목소리가 나쁘다면
이렇게 해보세요

우리가 먼저 알아야 할 사실은 목소리는 타고나는 것이다. 지금 당장 어떤 수를 쓰더라도 나의 타고난 목소리는 교체 불가능하다. 그러나 낙담할 필요는 전혀 없다. 내 이야기가 상대에게 전달될 때, 목소리보다 더 중요하게 작용하는 것이 있기 때문이다.

음성과 말투는 목소리보다 중요하다

음성과 말투는 메시지를 전달하는 데 매우 중요한 역할을 한다. 이해가 잘 안 된다면 이렇게 생각하면 쉽다. 음성은 목소리의 분위기이고 말투는 목소리를 감싼 장식이다. 음성과 말투는 후천적으로 완성된다. 평소 내 삶의 패턴이나 내가 하는 대화의 특징이 오랜 시간에 걸쳐 나의 성대에 각인된다.

예를 들어, 내가 평소에 친절한 태도로 매너 있게 말하며 지냈다면 나는 친절하고 매너 있는 음성과 말투를 갖게 된다. 상냥한 음성 그리고 배려하는 말투는 그렇게 만들어진다. 음성과 말투는 절대로 하루아침에 이뤄지지 않는다. 반대로 신경질을 자주 내고 고압적인 태도로 살아왔다면 음성은 다소 예민하고 뾰족한 느낌을 줄 것이며 말투는 공격성을 띠게 될 것이다. 이런 음성과 말투는 숨긴다고 다 숨겨지지 않는다. 대화를 할 때 어느 틈엔가 비집고 나온다.

그러니까 나의 일상은 곧 나의 음성과 말투가 되며 그것들이 나의 목소리와 더불어 표현된다. 목소리에만 치중해서는 안 된다. 비록 목소리가 좀 나쁘더라도 멋진 음성과 매력 있는 말투로 말하는 사람에 대해서는 호감이 급상승한다. 여기에 메시지의 전달력은 자연스럽게 따라오는 보상이다.

목소리가 너무 작다면
이런 방법을 쓰세요

목소리의 크기는 성대의 역량과 관련 있다. 타고난 목소리가 작다는 것은 성대의 기능이 그 정도로 제한돼 있다는 뜻이다. 목소리가 작다고 의식적으로 목청 높여 말하다 보면 성대를 상하기 쉽다. 그리고 억지로 크게 말하는 목소리는 듣기에 그저 거북할 뿐이다.

목소리를 크게 하는 것도 중요하지만, 적당히 굵직하고 알맹이 있는 발성을 하는 데 더 신경을 쓰는 것이 낫다. 비록 목소리가 작아도 또렷히 당당하게 말한다면 전달력이 높아질 수 있기 때문이다.

작은 목소리를 보완하기 위해서는 발음할 때 한 마디 한 마디에 단단한 심을 박는다는 느낌으로 말하는 것이 좋다. 배에 힘을 주고 말하면 좀 더 도움이 된다.

〈실전연습〉

"너무 어려웠지만 보람 있었습니다."

이 말을 할 때, '너무'에서 첫 글자 '너'를 적당히 발음하고 넘어가지 말고 '너'라는 발음을 모음까지 확실히 발음해 준 뒤, '어려웠지만'의 '어'와 마지막 글자 '만'을 정확히 말해 주고, 마지막으로는 '보람'에서 두 글자 모두 또박또박 발음한 뒤 '있었습니다'에서 '다'를 제대로 발음한다는 느낌을 살려서 마무리해 보자.

04

떨려서 죽겠다면
이 방법을 쓰세요

너무 떨릴 때는 숨이 찬다. 그러면서 목소리는 가늘게 떨리고 숨이 차기 때문에 말은 자주 끊어진다. 목소리가 마구 떨리는 데서 끝나지 않고 온몸이 바들바들 떨리니 누가 봐도 안쓰러운 광경이 연출된다. 이런 총체적 난국 상황에서 떨지 않겠다며 아무리 애써 봐야 별수 없다. 몸도 떨리고 목소리도 덜덜 떨리는 내 상태를 더 이상 내가 통제하기란 어렵다.

방법 1. 호흡 조절

가장 먼저 그리고 쉽게 할 수 있는 방법은 호흡을 깊고 천천히 하는 것이다.

떨려서 심장이 쿵쿵 뛰는 진동이 느껴지기 시작하면 그때부터 깊은 숨을 들이쉬어야 한다. 천천히 깊게 코로 숨을 들이쉬었다가 입으로 길게 숨을 내뱉는 과정을 1분에서 3분 정도 반복한다. 면접을 보러 집을 떠날 때부터 면접 장소로 가는 내내 계속 반복하면 효과는 더 높아진다. 머리도 맑아지고 마음이 평온해지는 느낌이 들 것이다. 드디어 면접 들어가기 직전 가장 떨릴 때, 이 간단한 호흡 방법을 수차례 반복하는 것만으로도 떨리는 상태를 조금 가라 앉히는 데 도움이 된다.

> 방법 2. 얼굴 근육 이완 운동

안면 근육을 좀 풀어 주는 것이다.

긴장되면 온몸의 근육이 뻣뻣하게 경직되면서 얼굴 근육까지도 경직된다. 얼굴 근육이 뭉치면 표정에도 좋지 않은 영향을 미친다. 어둡고 자신감 없고 딱딱한 표정은 면접에서 감점 요인이다. 이럴 때 필요한 것이 가만히 앉아서도 할 수 있는 얼굴 근육 이완 운동이다.

(1) 웃는 표정을 짓는 듯 입꼬리를 양쪽으로 당겨 주고 5초간 유지한다. 그리고 입꼬리를 제자리로 다시 가져오는 것을 수차례 반복한다.

(2) '아 에 이 오 우'를 발음하는 입모양을 가능한 크게 만드는 운동을 수차례 반복한다.

(3) 입을 다문 채 혀를 오른쪽 볼에 대고 원을 그리듯이 돌려 준다. 마찬가지로 혀를 왼쪽 볼에 대고 원을 그리면서 돌려 준다. 그 다음 혀로 입안 전체에 큰 원을 그려 준다고 생각하며 혀를 넓게 천천히 움직인다. 이렇게 근육이 좀 이완되면 표정이 훨씬 자연스럽게 부드러워지고 말도 더 편안하게 나오는 효과가 있다.

방법 3. 배꼽에 무조건 힘

위의 두 가지 방법을 쓰고도 계속 떨리고 긴장되는 상태가 해결되지 않을 수 있다. 면접관 앞에서 답변하는데 다시 목소리가 떨려 오고 몸이 떨린다면 그때는 배꼽을 중심으로 한 아랫배 부분에 '끙' 하고 소리 내듯이 단단히 힘을 주면 응급처방이 될 수 있다. 배를 안쪽으로 당기는 게 아니라 배를 바깥쪽으로 내밀면서 복근을 단단하게 만들어 보자. 숨이 차올라 오고 말을 이어가기 힘들어질 때 그나마 호흡을 길게 가져가며 떨림을 좀 누그러뜨릴 수 있는 방법이다.

05

전달력을 높이고 싶다면 이렇게 하세요: 비언어적 단서의 힘

남들과 같이 말하고 남들처럼 표현해서는 면접관들에게 특별한 인상을 남길 수 없다. 평범한 대답을 하는 수많은 지원자들 가운데 내가 유독 돋보이고 눈길을 사로잡으려면 남다른 소통의 기술이 있어야 한다.

우리는 인간의 소통에서 의미 전달을 담당하는 영역의 무려 70 퍼센트 정도가 언어가 아닌 비언어적 단서에 의지한다는 사실에 주목해 볼 필요가 있다. 소통이 이루어지는 순간에 아무런 보조적인 움직임 없이 단순히 말로써만 내 뜻을 표현한다면 내 생각의 절반도 온전히 전달되지 못한다.

상황 1.

면접관: 우리 회사는 야근도 많고 업무 강도가 높은 편인데 괜찮겠어요?

지원자: 괜찮습니다. 열심히 배우고 일하면서 저의 능력을 키우며 회사에 기여하고자 합니다.

참 좋은 얘기다. 그러나 말로만 무미건조하게 대답한다면 면접관은 대다수의 지원자들이 똑같이 반응하는 평범한 답이라고 여길 것이다. 대신 여기에 비언어적 단서를 좀 추가하면 다른 인상을 줄 수 있다. 아래 예시로 든 비언어적 단서를 사용해서 다시 말해 보자.

"괜찮습니다."라고 말할 때 양손을 가볍게 모은 다음 "열심히 배우고 일하면서"라고 말할 때 살짝 미소 지은 뒤, "회사에 기여하고자 합니다."라고 말할 때 고개를 끄덕인다.

대화할 때 적절한 비언어적 소통 단서를 추가한다면 내가 하는 말에 훨씬 신뢰감을 실을 수 있고 내 의지가 더 확실하게 면접관에게 전달된다.

상황 2.
면접관: 지금까지 살아오면서 가장 힘들었던 경험이 무엇인가요?
지원자: 제가 대학 때 아버지 사업이 어려워져서 직접 학비도 마련하고 아픈 어머니를 위한 병원비도 벌어야 했습니다.

이런 이야기를 할 때도 그냥 슬픈 표정으로 말만 하는 것보다 비언어적 단서가 섞이면 면접관에게 더 강렬한 느낌을 전달할 수 있다. 다음의 방법으로 이야기를 시작해 보자.

말문을 시작하기 전, 입을 다물며 1~2초 정도 포즈를 둔다. "제가 대학 때"라고 운을 뗀 뒤에 시선을 바닥으로 내린다. 계속해서 말을 이어 가다가 "직접"이라고 말할 때는 오른손을 가슴 위에 살포시 얹는다. 말을 다 마치고 살짝 미소를 지으며 입술을 지그시 닫아 누르고 고개를 끄덕여 본다.

우리가 말할 때 사용할 수 있는 비언어적 단서는 꽤 많다.

눈을 깜빡이기, 눈을 감기, 눈을 동그랗고 크게 뜨며 응시하기, 팔짱을 끼기, 손가락 깍지 끼기, 입술 꼭 다물기, 입꼬리 올리기, 입술을 앞으로 내밀기, 자세 고쳐 앉기 등 신체의 움직임을 통한 비언어적 단서 활용이 있다.

또한, 말을 끊고 침묵, 느리게 혹은 빠르게 말하기, 목소리 톤을 높이기 등 말할 때 사용할 수 있는 각종 효과들도 전부 비언어적인 단서들이다.

평소 말을 할 때 이런 단서들을 좀 의식하고 활용하는 습관을 들이면서 비언어적 단서 활용이 나에게 익숙해지도록 한다면 면접 때 큰 도움이 된다.

06

자신감 있게 말하고 싶다면 이렇게 하세요

면접 장소에서는 내가 잘 알고 있는 내용도 떨리고 긴장돼서 자신감 있게 술술 말하기가 어렵다. 면접관의 질문에 자신감 내뿜으며 멋지게 답하고 싶은데 답변 내용이 머릿속에서 뒤죽박죽되어 버리기 일쑤다. 내 생각을 조리 있게 표현하지 못하면 너무나 속상하다. 그동안 준비한 면접을 망쳐 버릴 수도 있기 때문이다. 그럴 땐 이런 방법을 사용하면 유용하다.

내가 면접장에서 할 말들을 문장이 아닌 키워드로 기억하는 것이다. 예를 들어, 입사 지원 전에 했던 다양한 활동으로 자원봉사, 자격증 취득, 어학연수 등이 있다면 관련된 내용을 별개의 스토리로 통째로 외워 가기보다는 각 내용별 키워드를 준비하는 것이 훨씬 효율적이다.

독거노인을 위한 봉사활동, 소외계층에게 연탄 배달, 환경보호를 위한 쓰레기 감소 캠페인 수행, 심폐소생술 실습, 영상편집 자격증 획득, 영어 어학연수 등 지금까지 경험한 많은 활동들에 대해서 키워드를 각각 선정한 뒤 기억해 둔다.

키워드: 독거노인, 소외계층, 연탄 배달, 이웃, 환경보호, 쓰레기, 심폐 소생술, 실습, 응급처치, 영상 편집, 기술, 창의력, 어학연수, 외국어

스토리 전체를 일일이 외우고 기억해서 면접장에서 그대로 실수 없이 읊는 것은 어렵다. 오히려 내가 대답을 준비한 내용에 대해 면접관이 질문하지 않으면 그때부터 답변이 꼬이거나 당황할 수 있다. 하지만 충분한 키워드를 숙지하고 면접장에 도착하면, 어떤 질문을 어떤 형태로 받더라도 응용이 가능하다. 키워드는 일종의 문제은행인 셈이다.

면접관이 묻는다.
"입사한다면 업무 이외에 기업 문화 고양을 위해 어떤 일을 할 수 있나요?"

이 질문을 받았을 때, 딱히 머릿속에 떠오르는 생각이 없거나 뭘 어떻게 말해야 할지 머릿속이 뒤죽박죽될 수 있다. 그때는 미리 장전해 둔 키워드를 떠올리면서 즉석에서 멋진 답변을 만들어 낼 수 있다.

"저는 심폐소생술 실습을 완료했고 영상편집 기술이 있습니다. 이를 이용해서 다양한 응급상황이 발생했을 때, 우리가 회사 동료들을 위해 어떤 행동을 취해야 하는지 유용한 영상을 만들어 보도록 하겠습니다."

즉, 키워드가 많이 준비돼 있다면 내가 풀어낼 수 있는 나만의 스토리를 그만큼 다양하게 만들어 낼 수 있다. 어떤 질문을 받더라도 할 수 있는 이야기가 많다면 면접관 앞에 남들보다 자신감 있게 서 있을 수 있다. 키워드 준비는 나에 대한 이야기를 어떤 형식으로든, 어떤 내용으로든 자신 있게 발표할 수 있는 든든한 자산을 지닌 것과 다름없다. 자신감은 나에게 준비돼 있는 콘텐츠와 비례한다.

07

말의 속도를 어떻게 맞춰야 할지 모른다면 이렇게 하세요

말의 속도는 무조건 느린 것이 좋다.

너무 느리게 말하게 돼서 어눌한 인상을 줄지도 모른다는 두려움은 갖지 않아도 된다.

면접을 볼 때와 같이 긴장된 상황 속에서는 나도 모르게 말이 빨라지게 된다. 말이 빨라지다 보면 해야 할 말을 하지 못하고 넘어가기 쉽고, 발음도 부정확해져서 의미 전달력이 떨어진다. 게다가 차분하고 믿음직하다는 인상을 주기도 어렵다. 말을 빨리 하면 여러모로 득보다는 실이 많다.

그렇다고 무조건 느릿느릿 말을 하라는 뜻은 아니다.

내가 강조하고 싶은 부분에서 특히 또박또박 천천히 말을 하라는 의미다.

예를 들어, 대학교 시절에 인턴사원으로 생활하며 인상에 남았던 경험을 얘기하는 상황이라고 가정해 보자.

> "제가 대학교 4학년 때 XX 그룹에서 인턴 활동을 했습니다. 그때 업무 효율성을 높이기 위한 토론 시간이 있었습니다. 저는 일의 중요도에 따라 일의 순서를 정하는 것이 필요하다고 생각했고, 그에 맞춰 일의 배치도를 완성했던 적이 있습니다."

이 말을 할 때, 너무 긴장한 나머지 휘리릭 말해 버리고 끝난다면 면접관에게 아무런 감동도 줄 수 없고 긍정적인 인상을 남기지도 못한다. 대신 아래 강조한 부분들을 천천히 또박또박 이야기해 보자. 이렇게 천천히 말하는 것은 의미를 강조하는 효과도 갖는다.

> "제가 대학교 4학년 때 XX 그룹에서 인턴 활동을 했습니다. 그때 업무 효율성을 높이기 위한 토론 시간이 있었습니다. 저는 일의 중요도에 따라 일의 순서를 정하는 것이 필요하다고 생각했고, 그에 맞춰 일의 배치도를 완성했던 적이 있습니다."

면접장에서 이렇게 말할 수 있다면 차분하고 당당하며 신뢰감 가는 지원자라는 인상을 충분히 심어 줄 수 있다.

08

미소를 띠고 싶은데 긴장돼 표정이 굳는다면 이렇게 하세요

면접을 볼 때 편안하고 자신감 있는 표정은 합격 불합격을 가르는 척도가 될 만큼 중요한 요소다. 대개 첫인상에서 지원자에 대한 평가가 상당 부분 이뤄진다는 점을 감안할 때, 표정 관리의 중요성은 아무리 강조해도 넘치지 않는다. 단정한 옷을 입고, 깨끗한 헤어 스타일과 맑은 피부를 지닌 채 면접장에 들어섰다고 하더라도 정작 얼굴 표정이 굳어 있고 전체적인 표정이 어둡다면 마이너스 요소다.

하지만 지원자 입장에서는 오랫동안 준비해 온 면접에서 합격의 간절함이 큰 만큼 본의 아니게 긴장되고 원치 않아도 얼굴 표정은 굳어 버린다. 이렇게 굳어진 얼굴 근육은 물리적으로 풀어야 한다. 면접장에 들어서기 전부터 부지런히 얼굴 근육 마사지를 해야 하는데, 사실 생각보다 간단하다. 다음의 순서를 따라서 해보면서 여러 번 반복해 보자.

〈얼굴 근육 풀어 주는 마사지〉

가장 먼저 풀어야 할 곳이 입술 주변의 근육이다.

■ 입술을 양쪽으로 쫙 벌리며 "이~~"라고 소리 낸다.

■ 입술을 앞으로 내밀며 "오~~"라고 소리 낸다.

■ 입술을 앞으로 내밀며 "우~~"라고 소리 낸다.

■ 입을 크게 벌리고 "아~~" 하고 소리 낸다.

■ 소리 내지 말고 활짝 웃는 표정을 지어 본다.

■ 양쪽 관자놀이에 중지 손가락을 지그시 대고 원을 그리며 마사지 해 준다.

이렇게 물리적으로 마사지를 해주면 얼굴 근육이 순간적으로 부드러워지기 때문에 표정이 훨씬 부드러워진다. 그럼에도 불구하고, 막상 면접관 앞에서 말할 때 얼굴 근육이 점점 굳어짐을 느낀다면 의식적으로 입꼬리를 양쪽으로 길게 펼친다는 느낌을 가져 보자. 미소 지을 때 나오는 입꼬리 모양을 만든다는 생각으로 입 모양을 움직이는 것이다. 이런 생각만으로도 표정이 이전보다는 환하게 밝아지는 효과가 난다.

09

멋진 톤으로 말하지 못한다면
이렇게 하세요

드라마를 보면 신입사원들은 하나같이 준수한 외모에 멋진 말투를 구사한다. 입사 면접장에 들어서 보면 나보다 잘난 외모에 나보다 굵고 멋진 목소리로 열심히 무언가 연습에 몰두하고 있는 경쟁자들을 보게 된다. 그러면서 나도 모르게 조금씩 주눅이 든다.

이럴 때 바로 사용할 수 있는 꿀팁이 있다.

멋진 톤은 낮은 목소리에서 주로 만들어진다. 피치가 높고 쨍알대는 목소리 톤이라면 어떤 수를 쓰더라도 멋진 말투를 만들기 어렵다. 그러니까 멋진 톤은 곧 낮고 굵은 목소리라는 것을 공식처럼 기억해도 좋다.

자, 그럼 타고난 목소리가 낮지 않은 사람은 방법이 없을까?

그렇지 않다. 조금씩 목소리를 저음으로 가져갈 수 있는 훈련을 하면 누구라도 가능하다.

가슴에서 소리내기

"아름답습니다."라는 말을 해보자.

혹시 내가 말할 때 소리가 내 콧등 근처에서 맴돌고 있지 않은지 의식하면서 다시 발음 해보자. 발음할 때, 저음의 멋진 톤을 만들려면 소리가 콧등이 아니라 가슴에서 울린다는 느낌으로 발음을 해야 한다. 실제로 소리가 가슴에서 날 수는 없다. 하지만 오른손을 가슴 위에 살짝 얹고 느낌상 가슴이 울릴 수 있도록 다시 발음해 보자. 이런 식으로 발음하다 보면 고개가 좀 아래로 떨어질 수 있지만 그 역시 훈련이 잘 되고 있다는 자연스러운 결과다.

말끝을 내려주기

이번에는 위에서 훈련한 가슴에서 소리내기를 의식하면서 "열심히 했습니다."라고 말해 보자. 콧등이 아닌 가슴에서 울리는 방식으로 말할 때, 말끝의 어미 즉, "~했습니다."의 끝부분을 의식적으로 아래로 툭 내린다는 느낌으로 발음해 보자. "~했습니다아~~" 하면서 말끝이 올라가게 하는 것이 아니라 끝부분을 뚝 끊으면서 톤을 아래로 툭 "했습니다＼" 이렇게 떨어뜨리는 식이다. 말끝 부분이 너무 내려가서 이상하게 들리지 않을까 하는 우려 역시 전혀 필요 없다. 아무리 내가 말끝을 내리더라도 막상 들어 보면 생각보다 오히려 말끝이 올라가면 올라갔지, 내려가서 문제가 되지는 않는다.

위에서 제시한 두 가지 방법만 충분히 연습한다면 어디 가서도 꿀리지 않는 멋진 톤으로 말할 수 있다는 사실을 꼭 믿고 열심히 훈련해 보기를 권한다.

10

내 답변에 설득력을 담으려면
이렇게 하세요

내가 아무리 나의 화려한 활동상을 열심히 설명해도 면접관에게 설득력이 없다면 화려한 언사도 아무 소용없다. 수백, 수천 명의 지원자들이 하는 말이 다 비슷비슷할 텐데 그중에서 특히 내 말에 면접관이 설득되기 원한다면 반드시 구체적인 사례를 넣어 말해야 한다.

면접관이 리더십에 관한 질문을 했다고 가정해 보자.
면접관: "지원자는 리더십이 있는 편인가요?"

사례 1.
지원자: "네, 저는 리더십이 매우 강한 편입니다. 입사하게 된다면 탁월한 리더십을 발휘해서 어떠한 프로젝트를 맡더라도 책임감 있게 잘 이끌어 갈 자신이 있습니다."

이 경우는 리더십에 대한 설득력이 전혀 없다. 지원자 본인은 리더십이 있다고 열심히 주장하고 있지만 그걸 증명할 방법은 없다. 이런 식의 설명은 허공에 대고 얘기하는 공허한 메아리 그 이상도 이하도 아니다.

사례 2.

지원자 "네, 저는 대학 재학 중에 환경보호 활동을 하는 자원봉사 동아리를 만들었습니다. 동아리의 취지를 알리는 각종 이벤트를 서너 차례 수행했고, 그 결과 스무 명 남짓한 충분한 동아리 멤버들을 모을 수 있었습니다. 저는 동아리 리더로서 환경오염에 대한 인식을 일깨우는 캠페인 활동, 쓰레기 수거 활동 등 한 달에 한 번씩 정기적인 동아리 활동을 이끌었던 경험이 있습니다. 그 결과, 지역신문에 우리 동아리 활약상이 보도되기도 했습니다."

이 경우, 지원자는 군이 리더십이라는 단어를 사용하지 않았음에도 불구하고 본인이 얼마나 리더십 강한 인재인지 면접관들에게 확실한 인상을 남겨 줄 수 있었다. 백 마디 말보다 하나의 사례가 훨씬 설득적임을 기억해야 한다.

구체적인 사례를 들 때 신경 써야 할 것은 '리더십 고양' 이런 식의 추상적인 개념을 사용하는 대신 몇 명의 학생을 모집했고 어떤 성과를 냈는지 등 가급적 수치를 제시하는 것이다. 그리고 과정에서부터 결과까지의 스토리를 다 포함해서 설명하는 편이 훨씬 좋다.

11

면접관의 시선을 사로잡고 싶다면 이렇게 말하세요

면접에서 어떤 질문을 받더라도 무조건 두괄식으로 말하도록 하자.

즉, 결론을 먼저 이야기하고 그 후에 사례와 구체적인 설명을 곁들이는 식이어야 한다. 만약 1분간 자기소개를 해보라고 면접관이 주문했을 때, 어린 시절부터 지금까지 이어진 나의 이야기를 기승전결 순서로 풀어 나가면 지루해진다. 혹은 이 회사에 적합한 인재가 되기 위해 어떤 노력을 했는가, 설명해 보라고 했을 때, 그동안 해온 공부, 경험, 자격증 취득에 관한 이야기를 그저 되는 대로 나열한다면 이내 면접관들은 딴 생각을 하며 다른 지원자를 기다릴 것이다.

사람들은 남의 이야기에 기본적으로 관심이 없다. 질문을 하는 면접관조차도 그저 평범하고 지루한 대답을 하는 지원자의 말에는 귀 기울이지 않는다. 내가 생각하기에는 내 이야기의 전후 맥락이 중요한 것 같지만 그건 나만의 생각이다. 듣는 입장의 상대방은 본론만 콕 짚은 부분에 관심을 가진다.

그러니, 내 이야기를 충분히 설명하려는 의도는 버리는 편이 낫다. 의문점이 안 생기도록 모든 내용을 다 설명하겠다는 생각은 집어치우고 가장 흥미로운 부분의 핵심만 한두 가지 두괄식으로 이야기해야 한다. 만일 이 부분에 궁금증이 유발된다면 면접관들이 질문을 할 테니 그때 부연 설명을 해도 늦지 않다.

나쁜 사례

면접관

"지금까지 살아오면서 가장 난감했던 순간은 언제였나요?"

지원자

"저는 여태까지 굉장히 긍정적인 태도로 살아왔습니다. 그래서 난감한 상황에 맞닥뜨리더라도 크게 당황하지 않는 편입니다. 제가 고등학교 다니던 때였다고 기억합니다. 학교에서 축제를 했고 제가 사회를 보게 됐습니다. 마침, 교장선생님 인사 말씀 순서가 돼서 교장선생님을 호명했는데, 교장 선생님이 현장에 도착하지 않으셔서 제가 15분 동안 즉흥으로 행사를 진행해야 했습니다."

이런 이야기는 너무 길기도 하고 장황해서 면접관들의 주의력을 떨어뜨리기 충분하다. 난감했던 순간이 언제였고 그것을 어떻게 해결했는지, 본론만 그리고 핵심만 먼저 말해야 한다.

좋은 사례

지원자

"15분 동안의 정적을 저의 순발력으로 채워 나가야 했던 순간이었습니다. 고등학교 축제 때 사회를 봤는데 교장선생님께서 제시간에 도착하지 못하셔서 교장선생님 인사 말씀 시간에 공백이 생겼습니다. 이때, 정말 머리가 하얘지는 느낌이었지만 제 특유의 재치로 관중을 압도하며 15분이라는 시간을 아주 유익하게 보냈던 기억이 있습니다."

12

나를 유난히 돋보이게 하려면
이렇게 하세요

외모가 아니라 말로서 돋보이기 위한 방법은 나만의 확실한 스토리를 가지고 개성을 담은 화법을 구사하는 것이다. 어차피 면접장에는 다른 지원자들도 깔끔한 정장에 단정한 헤어스타일을 하고 나타난다. 눈에 확 띄는 빼어난 용모가 아니라면 확실한 언변으로 이야기할 수 있어야 다른 지원자에 비해 눈에 띈다. 자신의 개성을 한 가지 정해 두고 그에 맞는 톤과 태도를 일관되게 가져가는 '차별화' 전략이다.

그저 평범한 지원자들처럼 모범적이고 성실한 모습은 물론이고 남들과 구별되는 확실한, 물론 긍정적인, 개성을 하나 앞세울 수 있다면 반드시 돋보일 수 있다.

'발랄함'을 나의 개성으로 삼았다고 가정해 보자. 발랄했던 학창 생활을 보내면서 갖게 된 각종 긍정적인 경험들을 경쾌한 톤으로 활짝 웃어 가며 이야기할 때, 그는 발랄함이 돋보이는 지원자가 된다.

'모험심'이 개성인 지원자는 열정적인 톤이 적합하다. 탐구심이 많은 본인은 오지의 삶이 궁금해서 다양한 인류학 서적도 여러 권 읽어 보았고 항상 남보다 먼저 실행해 보고 시행착오를 겪었던 경험을 신나서 떠들어 대는 것이다. 탐구정신이 돋보이는 지원자가 될 수 있다.

'긍정의 아이콘'이 개성이라면 시종일관 눈가, 입가에 가득 미소를 지으면서 본인은 어느 커뮤니티에 속해 있더라도 항상 분위기 메이커 역할을 해왔다며 한두 가지 사례를 들어 보인다. 긍정 에너지가 돋보이는 지원자가 될 것이다.

면접관 앞에서 돋보일 수 있는 방법은 어려운 데 있지 않다. 비싼 의복과 고급스러운 헤어 메이크업으로 치장하지 않아도 충분히 가능하다. 나 자신의 개성을 내가 먼저 존중하고 그것으로 자랑스럽게 나를 꾸밀 때 누구보다도 빛나는 지원자로서 좋은 인상을 심어 줄 수 있다.

CHAPTER 6

일시에 해결되는 나의 응답

즉문즉답을 위한
언니의 한마디

면접 당일, 나에게 어떤 질문이 주어질지 우리는 대강 예상합니다. 수많은 매체와 교재를 통해서 알게 된 예상 질문과 모범답안 목록을 한 번쯤 봤을 테니까요.

그렇다면 익히 공부한 그대로 답변했을 때 합격의 영광을 안아야 하는데, 꼭 그렇지만은 않은 것이 현실이죠. 그래서 어려운 겁니다.

이상하게도 면접장에서는 또 다른 기운이 발동합니다. 나를 면밀하게 관찰하는 면접관들이 다르고 내가 들어가고자 하는 회사의 분위기가 제각각이기 때문이지요. 충분히 예상할 수 있는 질문을 받고도 진땀을 빼고 허둥대느라 합격의 문턱을 못 넘는다면 너무나 안타깝지요.

하지만, 하늘 아래 새로운 것은 없고 어디에서나 통하는 상식은 있습니다.

조금만 미리 고민해 보면 충분히 대비할 수 있습니다.

지금 여러분에게 알려 드리는 답변의 핵심을 익히면 면접관의 의도를 꿰뚫어 볼 수 있어요.

한 번만 쭈욱 훑어보면 누구보다도 자신 있게 답변할 수 있을 거예요.

01

첫 번째.
뻔하고 피상적인 물음:
나를 떠보는 면접관

입사 면접 볼 때 반드시 나오는 질문들이 있다.

질문은 다소 식상하지만 여기에 정답이 있는 것은 아니다. 하지만 회사마다 이런 뻔한 질문을 던지는 이유가 있다. 천편일률적인 질문들을 통해서 지원자가 어떤 생각을 하고 있는지, 입사하게 된다면 어떤 태도로 업무에 임할 것인지 미리 떠보는 것이다.

우리는 질문에 답하기 전 이 사실을 반드시 알아야 한다.

왜 우리 회사에 지원했죠?
더 좋은 회사도 많은데요

당신의 착각

이 질문은 지원동기를 물어보는 질문이군. 물론 더 좋은 회사들이 많이 있지만 일단 면접을 보고 있으니 이 회사가 가장 좋다고 대답해야지.

이런 대답 - NOT GOOD

"물론 더 좋은 회사가 있을 수도 있습니다. 하지만 저는 예전부터 이 회사에 애정을 갖고 있으며 기회를 주신다면 입사해서 열심히 일하고 싶습니다."

질문의 의미

이 질문은 단순히 지원동기를 묻는 것이 아니다. 그리고 면접관들은 지원자가 정말로 다른 회사보다 이 회사가 더 좋아서 지원했다고 곧이곧대로 믿을 만큼 순진하지 않다. 면접관들이 알고 싶은 것은 이 지원자를 합격시킨다면 과연 그가 충실히 오랫동안 이 회사에 다닐 만한 인재인지 여부다. 우리가 다시 한 번 떠올려야 할 사실은 현재, 구직자들은 취직이 어렵지만 회사들은 인력난에 직면해 있다는 점이다. 기껏 입사해서 몇 달 일을 가르쳤더니 금방 이직한다며 퇴사할 사람인지 아닌지 걸러 내기 위한 질문이다. 즉, 이 질문은 지원자가 최종 합격했을 때 회사 다니다가 금방 더 좋은 자리 찾아서 떠나 버릴 사람인지 아닌지 가늠해 보려는 질문이다.

그런 상황에서, 이 질문을 듣고 순진하게 나의 지원동기를 읊어 나간다면 면접에서 마이너스다. 면접관에게 믿음을 주지 못하기 때문이다.

이런 대답 - GOOD

"저는 이 회사에서 일할 수 있는 기회를 매우 소중하게 생각합니다. 이 회사는 ○○○한 점에서 굉장히 매력적입니다. 저는 이 회사에 꼭 입사해서 앞으로 함께 성장해 나가고 싶습니다."

회사의 장점, 회사에 대한 구체적인 호감을 제시하면서 이 회사에서 오랫동안 근무할 것이라는 뉘앙스를 담아 답변한다면 합격에 더 가까워질 수 있다.

우리 회사에 대해
어떻게 생각하세요?

당신의 착각

회사에 대한 솔직한 느낌을 물어보는 질문이군. 이 회사가 다른 회사보다 훨씬 낫고 사람들에게 좋은 평가를 받는 회사라고 인정한 뒤 나도 이 회사에서 일하고 싶다고 답하면 되겠지.

이런 대답 - NOT GOOD

"이 회사는 누구라도 입사하고 싶어 하는 좋은 회사이고 저도 항상 이 회사에 관심이 있었습니다. 이렇게 면접을 볼 수 있어서 영광입니다."

질문의 의미

사실 이런 질문이야말로 정답이 없는 질문이다. 그러나 단순히 회사에 대한 호불호를 물어보는 질문이 아닌 것만은 확실하다. 면접관들은 지원자들로부터 회사에 대한 일반적인 감상평을 듣고 싶을 만큼 한가하지 않다.

이 질문은 지원자의 회사에 대한 관심도를 가늠하는 질문이다. 적어도 입사를 위해 면접을 보는 지원자라면 본인이 입사하게 될지도 모르는 회사에 대해서 충분한 지식을 갖고 있어야 한다. 그런데 누구나 말할 수 있는 추상적인 호감이나 감상평으로 회사에 대한 관심을 표현하는 지원자라면 매우 실망스럽다. 이런 대답은 곧 회사에 깊은 관심도 없고, 언제라도 이 회사를 쉽게 떠나 버릴 가능성을 내비친다. 때문에 면접에서는 큰 마이너스 요인이다.

이런 대답 - GOOD

"저는 평소 이 회사에 애정을 갖고 있었습니다. 그래서 회사의 평판이나 실적에 대해서 늘 눈여겨봤습니다. 회사는 ○○○한 이미지로 ○○○와 같은 평가를 받고 있는 것 같습니다. 그리고 ○○○ 부분은 앞으로 ○○○ 해보면 어떨까 생각합니다. 만일 제가 입사한다면 이런 점에서 반드시 회사에 반드시 기여할 수 있습니다."

면접을 보러 가기 전이라면 각종 매체에 나온 회사에 대한 기사나 댓글, 평판 등을 미리 검색해 봐야 한다. 이를 바탕으로 회사의 장단점과 위상을 정리해 보고, 여기에 나름의 평가를 내린 뒤 면접장에서 기회가 된다면 이를 겸손하게 언급하는 전략은 매우 유용하다.

아직 입사도 하지 않은 지원자가 제법 회사를 평가하고 컨설팅하는 정도의 관심을 보여 준다면 충분히 준비된 지원자일 뿐 아니라 회사의 소중한 인재로 성장할 수 있을 것이라는 기대를 안겨 줄 수 있다.

막상 입사해 보니 직무나 기업문화가
안 맞으면 어떻게 할 건가요?

당신의 착각

나에게 기업문화에 대한 의견을 물어보는 것 같네. 신세대이니만큼 나의 주관을 확실하게 표현하고 향후 개선돼야 할 방향에 대해서 조리 있게 설명하면 긍정적인 인상을 강하게 남길 수 있겠지.

이런 대답 – NOT GOOD

"요즘은 개성이 중요한 시대입니다. 직무나 기업문화가 맞지 않으면 나와 조직에 도움이 되지 않으므로 바로 건의를 하고 수정할 수 있도록 하겠습니다."

질문의 의미

이런 질문을 한다는 것은 지원자에 대해 어느 정도 관심이 있다는 사실을 전제로 한다. 아예 불합격시킬 지원자라면 굳이 조직에서 그가 어떻게 생활할 것인지 관심조차 없다. 하지만 꽤 괜찮은 지원자라는 생각이 든다면, 그가 입사해 조직 구성원이 됐을 때 어떠한 태도로 조직 생활을 하게 될지 궁금해진다. 위에 예시로 든 대답이 꼭 잘못됐다고는 할 수 없지만 굳이 처음부터 만만치 않은 구성원이라는 인상을 줄 필요는 없다. 아무리 세상이 달라졌어도, 아직

까지 조직에서는 원만하게 조직 생활을 할 수 있을 만한 인재를 더 선호한다.

"네, 입사해서 일을 하다 보면 직무나 기업문화가 안 맞을 수 있다고 생각합니다. 그럴 때는 먼저 입사한 선배나 동료들과 이야기를 나눠 보고 저를 한 번 더 돌아보도록 하겠습니다. 그리고 제가 속한 조직을 좀 더 잘 이해하도록 우선 노력해 보겠습니다."

기업의 입장에서는 우리 기업문화에 맞는 인재가 조직 구성원이 되기를 원한다. 그러나 모든 지원자가 기업문화에 딱 맞아떨어질 수 없다는 사실을 면접관들도 잘 알고 있다. 무조건 다 맞추겠다, 열심히 하겠다는 식의 대답은 오히려 신뢰감이 떨어진다. 맞지 않는 부분이 있으면 물의를 일으키지 않고 순조롭게 풀어 가겠다는 태도를 보여 줘야 한다.

다른 곳도
지원하셨나요?

당신의 착각

다른 곳을 지원했다고 하면 면접관들이 기분 나빠 할 것 같아. 사실 다른 곳도 몇 군데 지원했지만 굳이 얘기할 필요 없을 것 같고, 이 회사에 꼭 다니고 싶어서 이 회사에만 지원했다고 하는 편이 낫겠지.

이런 대답 - NOT GOOD

"저는 이 회사 입사를 꿈꿔 왔고, 다른 곳은 생각해 보지 않았습니다. 반드시 이 회사에 합격해서 일하고 싶습니다."

질문의 의미

면접관들은 지원자가 다른 곳은 지원하지 않았다고 하더라도 믿지 않는다. 오히려 한 곳만 지원했다고 한다면 이상하게 여길 수 있다. 면접관들이 알아보고 싶은 것은 지원자의 전문성, 관심사, 그리고 업무에 대한 충성도이다. 만약 일관된 업무 분야에 관해서 여러 다른 회사에 지원했다고 한다면 문제가 되기는커녕 지원자의 전문성 및 관심 영역을 보여 주는 단서가 될 수 있어서 좋다.

"네, 이 회사에 꼭 입사하고 싶지만 그렇게 되지 못할 수도 있다고 생각해서 다른 회사에도 지원했습니다. 저는 ○○○ 분야에서 저의 전문성을 발휘하면서 회사와 함께 성장하고 싶습니다. 그래서 ○○○ 분야로 다른 회사 몇 군데에도 입사원서를 제출했습니다."

꼭 이 회사가 아니면 다른 곳에도 갈 수 있는 탐나는 인재임을 드러내는 것이 좋다. 단, 맥락없이 아무 곳이나 날 뽑아 주는 곳이면 다 가겠다는 태도를 보이라는 뜻이 아니다. 핵심은 바로 나의 전문성과 남다른 관심으로 인해 어느 회사에 가더라도 그 곳에서 능력을 발휘할 수 있는 인재가 될 것이라는 점을 부각시키는 데 있다.

이번 입사 시험에서 떨어지면
어떻게 할 건가요?

이런 질문을 나에게 한다는 건 나를 합격시키고 싶지 않아서일지 모르겠네. 그래도 나는 꼭 합격하고 싶으니 만일 날 합격시켜 주면 열심히 하겠다고 말하고 다른 곳은 생각해 보지 않았다고 말해야 하겠지.

이런 대답 - NOT GOOD

"저는 이 회사 이외에 다른 회사를 생각해 보지 않았습니다. 만일 떨어진다면 아마도 굉장히 실망스러울 것 같고, 또다시 지원할 것 같습니다. 저를 꼭 합격시켜 주시길 부탁드립니다."

질문의 의미

면접관이 이런 질문을 던졌다고 해서 그 지원자를 불합격시키려 한다는 착각은 버려야 한다. 그렇게 생각처럼 단순한 질문은 아니다. 그리고 정말로 불합격시킬 지원자에게 면접관들이 이런 질문을 할 이유도 없다. 이 질문은, 지원자의 회사에 대한 열정과 자신의 일에 대한 신념을 슬쩍 떠보는 것이다. 막상 탈락했을 때, 지원자가 어떤 행보를 보이게 될 것인지를 들어 보는 것은 면접관들의 입장에서 지원자의 평소 생활 태도나 가치관을 짐작할 수 있는 아주 유용한 단서다.

"저는 꼭 합격해 이 회사에서 성장해 가고 싶지만 아쉽게도 불합격한다면 좀 더 발전된 제 모습을 만들기 위해서 노력할 것 같습니다. 제가 부족했던 점이 무엇인지 돌아보고 그 점을 강화해서 지금보다 더 업그레이드 된 모습으로 또 한 번 도전해 보고 싶습니다."

무조건 열심히 할 테니 제발 떨어뜨리지 말고 붙여 달라는 식의 읍소는 통하지 않는다. 오히려 비호감만 상승된다. 당당하게 나의 모습을 사랑하는 태도를 보이면서 지금보다 더 나은 인재가 되어 취업 시장에서 귀한 몸이 되겠다는 방향으로 야무지게 말해야 한다. 행여 떨어뜨리려 했다가도 놓쳐서는 안 될, 큰 일꾼이 될 인재란 생각이 들도록 말이다.

다른 지원자에 비해
나이가 좀 많으시네요?

내가 나이가 많아서 불합격될 모양이군. 이제 여기마저 떨어지면 나이가 더 많아져서 앞으로 취업이 더욱 어려워질 텐데 큰일이야. 나이는 많지만 그 어떤 신입사원보다 열심히 하겠다고 말하는 수밖에 없겠어.

이런 대답 – NOT GOOD

"네, 그렇지만 저는 새로운 일을 배우고 저보다 어린 사람들과 어울리는 것을 좋아합니다. 입사하게 된다면 제 나이는 잊고 새내기의 자세로 열심히 하겠습니다."

질문의 의미

나이가 많지 않으냐고 물어보는 것은 나이가 많은 것이 단점이라고 지적하는 것만은 아니다. 다른 여러 부정적인 의미와 마찬가지로 이런 식의 질문은 지원자를 깎아내리기 위한 피상적인 질문이 아니라는 점을 잘 기억해야 한다. 기왕 나이가 많고 되돌릴 수 없는 일이라면 지원자가 이 '나이 많음'이라는 사실을 어떻게 받아들이고 그에 대응하는가를 듣고 싶은 것이다. 여기에서 중요한 것은 '나이 많음'을 쿨하게 인정한 뒤 나이를 헛먹은 게 아니고, '나이 어린' 지원자들에게는 없는 그 어떤 장점을 부각시키는 것이다.

이런 대답 - GOOD

"네, 제가 다른 지원자들에 비해 나이가 많은 편입니다. 저는 그동안 여러 경험을 하고 세상을 배울 수 있었습니다. 물론, 제 친구들이 취직하고 월급 받는 것을 보면서 좀 조급해질 때도 있었지만, 인생을 길게 봤을 때 더 단단하고 내공 있는 제 모습을 만드는 것도 중요한 일이라고 생각했습니다. 특히 저는 ○○○ 하는 과정에서 ○○○ 라는 점을 배울 수 있었고 그것은 앞으로 저를 크게 성장시킬 밑거름이 될 것이라고 확신합니다."

면접관들은 객관적으로 자신을 바라보고 평가할 수 있는가에 중심을 두고 지원자를 본다. 자신의 단점 그리고 장점을 담담하게 이야기할 수 있고 부족한 점이 있지만 탁월한 점도 있다는 사실을 당당하게 표현할 수 있으면 된다. 나이가 든 만큼 성숙하고 여물은 인재라는 인상을 부각시키기 바란다.

공백기가 있는데
그동안 뭘 하셨나요?

내가 백수로 지냈던 기간에 대해서 질문을 하는데, 그냥 쉬었다고 말하면 좋지 않은 인상을 줄 수 있겠지. 그동안 다른 공부를 했다고 하면 시간을 낭비하지 않았다고 좋게 봐줄 거야.

이런 대답 - NOT GOOD

"공백기 동안 저는 자기계발에 힘을 쏟았습니다. 영어 공부도 했고, ○○○ 자격증도 취득했습니다. 저는 한시도 시간 낭비하는 것을 용납하지 않는 스타일입니다. 입사하게 되면 짬을 내서 발전적인 일을 하는 데 신경을 쓰도록 하겠습니다.

질문의 의미

면접관들은 공백기가 있고 나이도 좀 있는 지원자라면 과연 그가 입사했을 때 그렇지 않은 다른 직원들과 잘 어울릴 수 있을지 우려한다. 즉, 이 질문은 지원자가 공백기 동안 무엇을 했는지, 혹은 왜 공백기가 있었던 것인지에 대해서만 캐묻고 싶은 것이 아니다. 공백기라는 쉽지 않은 기간을 어떻게 이겨 냈는지 그러면서 어떤 가치관이 강화됐는지를 알고 싶은 질문이다. 여기에서 한발 더 나아가 과연 입사하게 됐을 때, 조직 생활에 적응도 잘하고 다른 사람들과 원만한 관계를 유지할 수 있는 유연한 사람임을 확인하고자 하는 것이다.

"공백기가 있었지만 저에게는 매우 소중한 시간이었습니다. 그동안 스스로를 돌아보았고 앞으로 회사 생활을 할 때 사람들과 어떤 모습으로 소통하며 업무를 수행하면 좋을지 다양한 각도에서 고민했던 시간이었습니다. 이런 점에서 공백기는 저의 성장에 도움이 되었다고 생각합니다."

공백기가 있었다는 점을 애써 부정할 필요는 없다. 공백기를 통해 한 단계 더 성숙한 인간으로 도약할 수 있었음을 피력하는 편이 오히려 낫다. 사실, 인생에서 공백기 없이 앞으로 달려 나가기만 하는 사람은 없다. 한순간의 공백기도 없었다는 점이 반드시 긍정적인 것만은 아니다. 공백기 없는 삶은 우리를 오히려 지치고 피폐하게 만들기 때문이다.

본인이 왜 합격해야 한다고
생각하나요?

당신의 착각

내가 더 탁월하고 훌륭한 인재라고 단도직입적으로 말한다면 자칫 오만한 인상으로 비춰질 수 있을 것 같아. 그러니 겸손한 톤으로 이야기하는 편이 더 낫겠지.

이런 대답 - NOT GOOD

"이 회사에 지원한 다른 사람들도 모두 훌륭하다고 생각합니다. 하지만 그중에서도 특히 저를 뽑아 주신다면 정말 열심히 일하면서 회사에 도움이 되는 인재가 될 것이라고 약속드립니다."

질문의 의미

이 질문은 면접관들이 누구를 뽑을지 판단이 서지 않아서 던지는 물음이 아니다. 쉽게 말해서 지원자에게 본인 자랑을 마음껏 해보라고 판을 깔아 주는 것이다. 자기소개서에 미처 담지 못한 내용이나 입사지원서를 통해서는 충분히 표현할 수 없었던 지원자에 대한 이야기를 듣겠다는 의도다. 그렇기 때문에 이 질문은 매우 중요하고, 정말 준비를 잘 해놓아야 하는 질문이다. 설사 스펙이 좀 부족하더라도 면접관 앞에서 나의 멋진 모습을 충분히 잘 설득할 수만 있다면 합격이다. 사람의 마음을 움직일 수 있는 강력한 내용으로 준비해 두면 효과 만점이다.

이런 대답 - GOOD

"지원서에는 미처 다 적지 못했지만 저는 무한한 열정과 가능성을 가지고 있는 지원자라고 말씀드리고 싶습니다. 제가 남들과 다른 점은 ○○○입니다. 저는 ○○○ 부분에 있어서는 그 누구보다도 전문성을 발휘해서 좋은 성과를 만들어 낼 자신이 있습니다. 실제로 ○○○ 한 예가 있습니다. 또한 역경과 실패를 대처하는 방식에 있어서도 저는 훨씬 강한 내공을 갖고 있다고 말씀드리겠습니다. 과거 ○○○ 했을 때, ○○○ 함으로써 오히려 실패를 성공의 밑거름으로 만들었습니다."

이 질문은 스펙이 약한 지원자에게 어쩌면 마지막 기회가 될 수도 있는 질문이다. 자신의 탁월한 역량을 설득력 있게 설명하고 자신이 다른 사람과 다른 점을 장점으로 부각시켜서 면접관들의 호감을 얻을 수 있도록 최선을 다해야 한다. 단, 추상적인 개념이나 철학적인 내용으로 응답하면 절대로 안 된다. 아주 구체적이고 실질적인 내용 그리고 실제로 겪은 경험을 언급해야 한다.

이전 직장은 왜 그만뒀나요?
이 회사에 입사해도 금방 그만둘 건가요?

당신의 착각

이런 질문을 한다는 것은 나를 합격시키고 싶은 것 같은데 혹시라도 내가 다른 곳으로 이직할까 봐 걱정돼서 떠보는 거야. 무조건이 회사에 충실하게 다니겠다고 말하면 되겠지.

이런 대답 – NOT GOOD

"예전 직장에서는 ○○○ 한 점에 저와 맞지 않았습니다. 하지만이 회사는 저와 잘 맞고 제가 정말 다니고 싶었던 회사입니다. 제가합격한다면 이 회사는 오랫동안 다닐 예정입니다."

질문의 의미

면접관들은 단순하게 지원자가 이 회사에 오래 다닐 인재인지금방 그만둘 인재인지를 확인하려는 것이 아니다. 최근 크고 작은기업들은 인재 이탈에 곤란해하고 있다. 기껏 괜찮은 직원을 뽑아서 업무에 적응시켜 놓으면 얼마 안 가서 바로 좀 더 대우가 나은곳으로 이직하는 사례가 많기 때문이다. 회사 입장에서 낭비와 손해가 이만저만이 아니다. 그래서 면접관들은 지원자가 왜 이전 회사를 그만뒀는지 정말 그 이유를 알고 싶은 것이다. 단지 처우 문제

나 사소한 문제로 이직한 지원자라면 이 회사에 입사해서도 마찬
가지 행보를 보일 것이기 때문에 좀 꺼린다.

이런 대답 - GOOD

"저는 예전 직장에 애정이 있었고 직장 생활에 적응하려고 많은
노력을 했습니다. 그런데 막상 입사 후에는 제게 주어진 업무 분야
가 제 전공과 너무 달라서 처음부터 모든 것을 다시 배워야 했습니
다. 그럼에도 불구하고 배워서 열심히 해나가려 했으나 제 능력이
도저히 그에 미치지 못한다고 생각해서 차라리 다른 인재에게 기회
를 주는 것이 낫겠다 생각했습니다. 그래서 정말 아쉽지만 사표를
낼 수밖에 없었습니다. 하지만 이 회사에 합격한다면 제 분야에서
최선을 다해 꾸준히 일하고 싶습니다."

어쩔 수 없이 이직을 할 수밖에 없었다는 이유를 차분하고 자세
히 설명하는 것이 관건이다. 그냥 나와 맞지 않는다거나, 이 회사가
더 좋아서 그 회사를 그만뒀다거나 하는 식의 이유는 말하지 말아
야 한다. 게다가 이전 직장에 대한 험담은 절대 금물.

우리 회사는 업무강도가
센 편인데 괜찮겠나요?

업무강도가 세다면서 날 겁주는 것 같아. 일단 무조건 괜찮다고 해야겠지. 만약 입사했는데 일이 정말 너무 힘들면 그건 그때 가서 생각해 볼 문제고.

이런 대답 - NOT GOOD

"업무강도가 센 것은 문제 되지 않습니다. 저는 이 회사에 입사하는 것이 꿈이었고, 만약 합격하게 된다면 누구보다도 열심히 일하도록 하겠습니다."

질문의 의미

이 질문이야말로 지원자가 쉽게 퇴사할 사람인지 알아보려는 질문이다. 지원자 입장에서는 당연히 업무강도와 상관없이 열심히 하겠다고 말하겠지만 그 말의 뉘앙스를 살펴본다면 진심을 알 수 있다. 때문에, 이 질문에 대해서는 단지 그냥 열심히 하겠다고 말하는 것이 별 도움 되지 않는다. 나의 진정성을 면접관에게 설득할 수 있는 실체 있는 그 무엇인가를 언급해야만 한다.

"저는 항상 도전적인 업무에 더 적극적인 태도를 보이는 편입니다.

(만약 이전 회사 경험이 있다면) 이전 직장에서도 ○○○ 한 업무를 제가 맡아서 책임 있게 마무리한 경험이 있습니다. 비록 힘들었지만 성과가 좋았고 굉장히 큰 보람을 느꼈습니다.

(만약 이전 회사 경험이 없다면) 대학에 다닐 때 아르바이트를 한 적이 있는데 그때도 저는 ○○○ 한 일을 도맡았습니다. 조금 힘들었지만 그때 ○○○에 관해서 배우고 느낀 점이 많았습니다.

이런 경험을 바탕으로 제가 이 회사에 입사한다면 정말 열정적인 에너지를 보여 드릴 자신 있습니다."

업무강도가 세더라도 열심히 할 수 있다는 의지를 나의 실제 경험담을 들어 설득한다면 면접관들이 나의 진정성을 믿게 될 확률은 훨씬 높아진다.

입사한다면 회사에 어떻게 기여할 수 있나요?

오호~ 이런 질문을 나에게 하는 걸 보니 난 아마도 합격하게 될 것 같아. 내가 입사하면 다른 사람 못지않게 회사에 중요한 인물이 될 수 있다는 점을 부각시켜야 하겠지.

이런 대답 - NOT GOOD

"네 저는 기존에 입사하신 선배님들이 하지 못했던 다양한 시도를 해보고자 합니다. 저는 입사 후 회사 분위기를 업무에 효율적인 방향으로 업그레이드 하고 싶습니다. 이를 위해서는 구성원들 간 소통이 원활해야 하기 때문에 회사의 온라인 커뮤니티를 활성화하겠습니다."

질문의 의미

이 질문은 정말로 입사하게 될 지원자들에게 던지는 질문이 아니다. 게다가 지원자가 정말 획기적인 아이디어를 제공해서 회사의 변화를 이끌어 낼 수 있을지 평가하는 질문은 더더욱 아니다. 오히려 너무 정교하거나 혹은 너무 구체적인 계획을 미리부터 늘어놓는 것은 회사에 부담이 될 수 있다. 역효과를 내는 것이다.

면접관들은 이 질문을 토대로 과연 이 지원자가 회사에 이익이 될 만한 인재인지 그 가능성을 가늠해 보려는 것이다. 실제 지원자가 제시한 아이디어가 좋다고 해서 바로 반영할 일은 희박하다.

"저는 어떤 새로운 시도를 즐기는 편입니다. 만일 제가 입사하게 된다면 저는 회사 내의 원활한 소통 문화 정착을 위해 기여하고 싶습니다. 이것 말고도 회사에 필요한 점이 무엇인지 잘 살피고 제 능력을 발휘할 수 있도록 하겠습니다."

이런 식으로 미래지향적인 질문을 들었을 때는 약간의 적극성과 실행력 그리고 어떤 일이든 잘 해낼 의지가 담긴 수용적인 자세를 살짝 보여 주는 정도면 충분하다.

기여하고 싶은 열정은 좋지만 잘못하면 입사 후 골칫거리가 될 수 있다는 인상을 줄 수 있다. 이런 종류의 질문에 너무 많이 앞서 나가는 것은 조심해야 한다. 나의 순수한 열정이 지나친 의욕에 가려져서 오해를 살 수 있다.

02

두 번째.
직장인의 직장인을 위한 물음:
슬기로운 직장 생활

조직의 구성원이 되어 직장 생활을 해본 사람이라면 누구라도 공감할 만한 직장 생활의 희로애락이 있다.

직접 경험해 보지 못하면 절대로 알 수 없는 것들이다.

그 누구보다도 풍부한 경험을 지닌 면접관들은 지원자들에게 질문을 하면서 그들이 마주하게 될 희로애락을 점쳐 본다.

지원자들은 이 희로애락의 터널을 무사히 통과해야만 할 것이다.

일의 마감일이 다가왔는데 도저히 끝낼 수 없다면 어떻게 할 건가요?

능력 있는 직원이라면 무슨 일이 있어도 일을 제때 잘 마무리해야 하겠지. 이런 일은 나에게는 절대 일어나서도 안 되고 일어나지도 않을 테지. 맡은 일을 열심히 하면 될 테니까.

이런 대답 - NOT GOOD

"저는 성실함을 좌우명으로 삼고 있습니다. 일단 제가 입사하게 된다면 일의 마감을 넘기는 일이 없도록 최선을 다해 열심히 할 생각입니다. 마감을 넘기는 일이 생기면 안 된다고 생각합니다."

질문의 의미

조직 생활을 하면서 도저히 자신의 능력으로 감당하지 못할 일은 반드시 일어난다. 아무리 대비하고 준비해도 그렇다. 면접에서 이 질문은 위기 상황이 발생했을 때 지원자의 위기 대응 태도를 점검하려는 목적이다. 지원자가 매번 마감일을 놓치는 무능한 직원인지 아닌지를 확인하려는 질문이 아닌 것만은 확실하다. 이보다는, 예기치 못한 일이 발생했을 때, 조직에 피해를 주지 않도록 지원자가 어떻게 순발력 있게 일을 처리할지 알고 싶은 것이다.

"그런 일이 발생하면 안 되겠지만, 만일 어쩔 수 없는 상황이 된다면 바로 그 사실을 팀원들과 공유하도록 할 것입니다. 어떻게 해서든 대안을 마련하고 회사에 피해가 되지 않을 방법을 찾아내는 것이 우선이라고 생각합니다. 그렇게 신속히 수습을 한 뒤에는 왜 그런 일이 발생하게 됐는지 저 자신에 대해서 깊게 돌아보고 반성하는 것이 맞다고 생각합니다."

응급상황이 발생한다면 회사에서는 조직에 피해가 되지 않고, 더 큰 손실이 발생하지 않도록 대비하는 것이 우선이라는 점을 기억할 필요가 있다.

개인의 잘잘못에 연연하지 말고 일단 조직 차원의 대응에 무게를 싣는 답변이 먼저다.

업무시간에 유튜브나 인터넷 쇼핑하는 것에 대해서 어떻게 생각하세요?

당신의 착각

업무시간에 딴짓을 한다는 것은 회사에서 절대로 용납되지 않는 일이지. 무슨 일이 있어도 회사 내에서는 업무에만 집중한다고 딱 잘라 말하는 게 당연할 거야.

이런 대답 - NOT GOOD

"회사에서 업무 이외의 일을 한다는 것은 옳지 않다고 생각합니다. 출근 뒤에 회사에서 유튜브나 인터넷 쇼핑을 한다는 것은 바람직하지 않습니다. 저 역시 입사하게 된다면 근무시간에 절대 딴 일은 하지 않고 업무에만 집중하도록 하겠습니다."

질문의 의미

회사에 출근해서 퇴근할 때까지 단 한시도 한눈팔지 않고 온전히 업무에만 집중한다는 것은 불가능하다. 회사 내에서는 일체 딴생각 안하고 일에만 전념하겠다는 지원자의 말을 곧이곧대로 믿는 면접관은 단 한 명도 없다. 면접관 그들도 근무시간에 온전히 일만 하지는 않았을 것이다. 오히려 일의 능률을 올리기 위해서는 업무를 수행하며 중간중간 휴식을 취하는 것이 바람직하다. 그러니, 어떤 방식으로 휴식을 취할 것인지가 중요한 포인트다. 휴식과 업무의 능률향상을 연결한 답변이 바람직하다.

이런 대답 - GOOD

"업무시간에 유튜브나 인터넷 쇼핑을 하는 것은 당연히 바람직하지 않다고 생각합니다. 하지만 업무의 능률을 올리기 위해서는 일에만 계속 몰두하는 것보다 약간의 휴식이 도움될 수 있습니다. 업무에 몰두하다가 집중력이 떨어지거나 아이디어가 고갈될 때는 잠시 일어나서 물을 마시고 오거나, 한 5분 정도 바깥을 바라보며 머리를 식히는 휴식은 필요할 것 같습니다."

현실적인 대답을 할 때 면접관에게 더 신뢰감을 줄 수 있다. 그래야 면접관들에게 공감을 얻을 가능성이 더 높다.

신입사원이 되면 어떤 방식으로
선배들과 소통하고 싶나요?

당신의 착각

요즘은 개성을 중요시 여기는 시대가 됐지. 하지만 본인의 주관이 뚜렷하고 자신의 의견을 똑바로 밝히는 젊은 세대가 다른 사람들과 충돌하지 않고 인간관계도 원만하게 유지한다면 더 좋겠지. 회사는 분명 이런 인재상을 원할 거야.

이런 대답 - NOT GOOD

"저 역시 요즘 젊은이들과 마찬가지로 제 생각을 확실하게 잘 표현하는 편입니다. 하지만 저는 저보다 연배가 높은 분들과도 원만한 관계를 유지하며 잘 소통할 수 있다고 자부합니다. 늘 열린 마음으로 공감하고 소통하는 직원이 되도록 하겠습니다."

질문의 의미

이 질문은 지원자가 원만한 소통과 대인관계가 가능한 스타일인지를 확인하는 질문이 아니다. 언뜻 들으면 인성에 대한 단순한 질문 같지만 사실 이런 질문은 업무적 소통 능력을 가늠하려는 의도가 담겼다고 봐야 한다. 면접관들은 지원자의 말투나 면접 내용을 통해서 그의 인성이나 대인관계 특성을 어느 정도 짐작하는 능력이 있다. 따라서 이런 질문을 들었다면 업무의 효율성 향상, 업무적 의사결정, 회사 외부 사람들과의 미팅 능력 등 업무와 연관된 소통 능력을 피력해야 도움이 된다.

이런 대답 - GOOD

"저는 업무의 효율성을 높이는 소통방식을 선호합니다. 항상 핵심 내용을 먼저 간결하게 언급하고 부연 설명을 하는 식의 소통에 익숙한 편입니다. 또, 저와 다른 의견이 있더라도 일단은 잘 듣고 거기에 제 의견을 보충해서 발전적인 결과를 낼 수 있도록 언제나 신중하게 소통할 것입니다."

자신의 개인적인 소통 취향을 굳이 피력할 필요가 없다. 궁극적으로 회사에 도움이 되고 업무에 도움이 되는 식의 소통방식을 추구하겠다고 답해야 면접관들은 지원자에게 고개를 끄덕일 것이다.

중요한 약속이 있는데 야근을 해야 한다면 어떻게 할 건가요?

당신의 착각

이 질문은 내가 얼마나 성실한 인재인지 떠보는 질문일 거야. 당연히 그 어떤 개인적인 일보다 회사 일이 중요하다고 말해야만 면접관들에게 좋은 인상을 심어 줄 수 있겠지.

이런 대답 - NOT GOOD

"저는 개인적인 약속보다는 회사일이 더 중요하다고 생각합니다. 아무리 중요한 약속이 있어도 회사에서 야근을 해야 한다면 약속을 취소하고 당연히 야근을 하겠습니다."

질문의 의미

아무리 직장이라고 해도 개인사를 철저히 무시하고 기계처럼 회사에만 충성하는 시대는 지났다. 개인의 피치 못할 사정까지 절대로 예외가 될 수 없다면 너무 비인간적이다. 면접관들에게도 그 정도의 인간적인 면은 있다. 그러니 솔직하게 의견을 말하는 편이 더 신뢰 가는 답변이 된다.

"직장인으로서 개인적인 일보다는 회사 일이 우선이라고 생각합니다. 어지간한 약속이라면 취소하고 야근을 하는 것이 당연하다고 생각합니다. 하지만 만약 제가 반드시 참석해야 하는 피치 못할 가정사이거나, 임박해서 취소했을 때 다른 사람에게 피해가 갈 수 있는 일이라면 부득이하게 양해를 구하도록 하겠습니다."

누가 들어도 갈등할 수밖에 없는 상황을 묻는 질문에는 현실적으로 답하는 편이 바람직하다. 그러면서 열려 있는 태도를 보여 주면 된다. 그래야 면접관들도 지원자가 솔직하게 자신의 생각을 말한다고 믿을 것이기 때문이다.

나에게 업무 부담이 더 많이 주어지면
어떻게 할 건가요?

당신의 착각

사실 동일한 월급 받으면서 나에게 일이 더 많이 주어지면 좀 불만일 수 있겠지. 하지만 그렇다 하더라도, 면접에서는 일을 더 많이 하는 상황을 굳이 꺼리지 않는다고 말해야 좋은 인상을 줄 수 있을 거야. 너무 솔직하게 대답한다면 좀 이기적이라는 인상을 심어 줄 수 있을 게 뻔해.

이런 대답 – NOT GOOD

"제가 감당할 수 있을 거라고 생각해 주셔서 저에게 더 많은 일이 주어진 것이라고 생각합니다. 오히려 감사하며 제 능력껏 일 처리를 잘 하도록 하겠습니다."

질문의 의미

아무 이유나 보상 없이 일이 더 많이 주어졌을 때, 그걸 좋아할 사람은 없다. 불만이지만 어쩔 수 없으니 참고 해내거나 이의를 제기해서 바로잡는 방법뿐이다. 그러니 긍정적인 마인드의 소유자인 척하며 무조건 업무에 열심히 임하겠다고 말해도 면접관들은 믿지 않을 것이다. 오히려, 굳이 왜 그럴 필요가 있냐며 질문을 또 던질 수 있다.

"제 능력을 믿고 저에게 일을 더 맡겨 주시는 거라면 오히려 기쁜 마음으로 업무를 더 잘 수행하도록 하겠습니다. 하지만 그저 부당하게 과도한 업무를 맡게 된다면 상사 및 팀원들과 상의해서 효과적으로 업무조정이 이뤄지도록 하겠습니다. 그렇지 못하고 괜히 저 혼자 불만을 품거나 다른 사람을 오해하게 된다면 장기적으로 회사와 저에게 좋지 않다고 생각하기 때문입니다."

솔직하고 합리적인 대답이 깔끔하고 당당한 인상을 주는 것은 물론이다. 업무에 관해서 지나치게 이기적이면 안 되지만 지나치게 포용하려 한다면 그 또한 역효과를 불러올 수 있다.

직장 상사가 나에게 부적절한 언행을 한다면 어떻게 할 건가요?

당신의 착각

요새는 직장 내 성희롱이나 직장 내 괴롭힘이 사회적으로 문제가 되고 있지. 이 부분에 대해서는 회사들도 인식을 바로잡아 가는 추세이니 여기에 맞춰 나 역시 이런 부당함에는 수긍하기 어렵다고 확실하게 밝히는 것이 중요할 거야.

이런 대답 - NOT GOOD

"아무리 직장 상사라고 하더라도 부적절한 언행은 하면 안 된다고 생각합니다. 만일 부적절한 언행이 지속적으로 반복된다면 바로 외부 기관에 신고를 하거나 보고해서 회사 내의 이런 부당한 문제를 단절시켜야 한다고 생각합니다."

질문의 의미

이런 질문은 지원자가 회사 내부의 어떤 부당한 피해자가 됐을 때 어떻게 행동할지를 듣고 문제 대응 방식을 확인해 보려는 질문이다. 여기에서 기억해야 할 것은 회사 내에서 비록 부당하고 옳지 않은 일이 발생했다고 하더라도 지원자가 즉각적으로 회사에 피해가 오는 행동을 한다면 면접관들은 난색을 표한다는 사실이다. 그렇다고 회사가 모른 척하겠다는 뜻은 아니다. 회사는 당연히 이 부분에 책임 있게 대응하겠지만 갑자기 조직에 큰 충격이 오지 않도록 단계적으로 처리하는 것을 선호한다. 다짜고짜 회사 내부 상황이 만천하에 알려지는 것을 반길 회사는 없다.

이런 대답 - GOOD

"처음에는 부적절한 언행에 대해서 불쾌한 감정을 공손하게 직접 표현할 것입니다. 하지만 이런 부적절한 언행이 반복된다면 직장 내의 소통 창구를 통해 이 일을 알리고 바로잡아야 한다고 생각합니다. 상사의 부적절한 언행은 비단 저만 겪는 일이 아닐 테고 다른 회사 구성원들에게도 피해를 줄 수 있습니다. 회사의 업무 분위기와 일의 효율성을 위해서는 회사 내 고충 상담 창구가 잘 운영되어야 한다고 생각합니다."

대부분의 회사는 내부적으로 불편한 일이 발생했을 때 일단은 내부에서 해결 방안을 찾기 원한다. 그런 뒤에도 해결이 되지 않는다면 추가적으로 외부의 도움을 받는 방식을 추구할 것이다.

두 명의 직장 상사가 서로 상반된 지시를 내린다면 어떻게 할 건가요?

어느 한 사람의 지시에만 따른다고 말했다가는 괜히 직장 내에서 파벌의 희생양이 될 수도 있을 거야. 어차피 누구의 말이 더 옳은지 정해져 있는 것도 아니고 나만 입장 곤란해질 필요 없으니 적당히 이것도 좋고 저것도 좋다는 식으로 얼버무리고 넘어가는 게 나을 것 같아.

"두 분의 말씀이 분명 다 일리가 있을 것이라고 생각합니다. 가능하면 두 의견을 모두 적용해서 일을 처리하는 방향으로 노력할 것 같습니다."

이런 일은 실제 직장 내에서 자주 발생하며 회사원들을 곤혹스럽게 만드는 사례이기도 하다. 면접관이 이런 질문을 한다는 것은 지원자의 소통 능력 혹은 소통 센스를 가늠해 보고 싶어서이다. 그런데, 위의 대답은 난감한 상황이 발생했을 때 다양한 소통을 시도해 보기는커녕 윗사람 눈치만 보고 적당히 때우는 스타일이라는 이미지를 심어 줄 수 있다.

즉, 이 질문에 대한 대답을 통해서는 곤란한 상황에서 능숙한 소통으로 문제를 해결하는 능력이 있음을 보여 줘야 한다.

이런 대답 - GOOD

"이런 경우가 생기면 굉장히 난감할 것 같습니다. 하지만 두 가지 지시를 동시에 따를 수 없으니 두 분의 상사와 잘 소통하여 일을 처리해야 한다고 생각합니다. 서로 상반된 업무 지시를 받았다고 솔직히 말씀드리고 제가 어떻게 일 처리를 하는 것이 좋을지 우선 상의드리도록 하겠습니다. 그런 다음 제가 할 수 있는 일에 최선을 다할 것입니다."

곤란할수록 솔직하게 털어놓고 소통하며 방법을 찾아내는 기술이 필요하다. 다양한 개성의 사람들이 모여 있는 회사는 대화의 능력과 센스를 가진 인재를 선호한다.

03

세 번째.
나의 욕망에 관한 물음:
충성도 확인 작업

회사 구성원이 되면 나의 발전이 곧 회사의 발전으로 연결된다.

미래를 꿈꾸지 않는 자, 별다른 야망이 없는 지원자는 뽑아도 회사에 큰 도움이 되지 않는다. 주어진 일만 하며 출퇴근하고 월급 받는 그저 그런 평범한 지원자가 회사 입장에서 매력적일 리 없다. 능력 있는 인재가 회사에 들어오기를 간절히 바란다. 그런데 모순되게도, 능력이 출중한 인재는 경력을 좀 쌓고 나더니 더 좋은 조건의 회사를 찾아 떠나는 일이 흔하다.

바로 이 때문에 면접관들은 지원자를 세심히 살핀다. 지원자의 능력과 열정은 물론이고 입사 후 진정한 구성원이 되어 회사와 함께 오래도록 발전해 나갈 인재인지를 확인하고 싶어 한다. 면접에서 던지는 다양한 질문은 바로 이러한 점을 살피기 위한 것들이다.

만일 입사하게 된다면
지원자의 최종 목표는 무엇인가요?

당신의 착각

나의 최종 목표를 묻는다는 것은 내가 얼마나 야심이 있는 지원자인가를 떠보는 질문일거야. 당연히 이 회사의 가장 높은 사장 자리에까지 갈 수 있도록 열심히 하겠다고 말하는 게 좋겠지.

이런 대답 - NOT GOOD

"네, 제가 입사하게 된다면 누구보다도 성실하게 근무하고 능력을 최대한 발휘해서 이 회사의 가장 높은 자리인 CEO까지 올라가는 게 목표입니다."

질문의 의미

이 질문의 의미는 입사 후 어떤 자리까지 승진하고 싶은지를 묻는다기보다, 입사 후 어떤 포부로 업무에 임하겠는지를 묻는 것이다. 이 둘은 비슷한 것 같지만 차이가 좀 있다. 단순히 특정 자리가 목표라 한다면 욕심 많고 나 혼자 잘나가면 된다는 가치관을 가졌다고 오해할 수 있다. 그러니 행여 승진에 실패하면 회사에 대한 애정이 바로 식어 버릴 수도 있겠다고 짐작할 것이다. 하지만 어떤 확고한 포부를 가지고 업무에 임하면서 나아가겠다고 했을 때는 일에 대한 열정과 능력을 모두 가진 지원자라는 인상을 심어 주게 된다. 더불어, 지원자가 도대체 무슨 생각으로 이 회사에 지원했는지, 혹시 아무런 계획이나 야망 없는 인물이 아닌지도 가늠해 보는 것이다.

이런 대답 - GOOD

"저는 이 회사의 전문성을 더 강화해서 우리 회사가 동일 업계 부동의 최고 자리에 오르도록 하겠다는 포부가 있습니다. 저의 목표는 개인적인 차원에만 머물러 있지 않을 것이며 회사의 성장과 더불어 함께 성장하고 궁극적으로 이 회사를 잘 이끌어 가는 CEO 자리에까지 오를 수 있도록 최선을 다해 보겠습니다."

회사가 지원자에게 바라는 궁극적인 최종 목표는 회사의 발전이어야 한다. 하지만 자신의 삶에 대한 아무런 계획 없이 그저 제3자의 관점에서 회사의 무궁한 영광만 위하며 평생 몸 바쳐 일한다는 말은 너무나도 비현실적이다. 면접관들도 그렇지 못하기 때문이다. 지원자로서 개인의 삶과 회사의 발전을 함께 위하며 가장 높은 곳까지 성장하겠다는 포부를 밝힌다면 면접관들에게 좋은 점수를 받을 것이다.

우리 회사는 월급이 많지 않은데 괜찮겠어요?

월급이 많지 않으면 일하기 힘들겠지만, 면접관들이 그냥 한 번씩 해보는 말이겠지. 굳이 면접을 보는데 월급에 대해서 내가 왈가왈부한다면 좋은 인상을 남기기 어려울 거야. 무조건 열심히 하겠다고 말하는 편이 낫지.

이런 대답 - NOT GOOD

"저는 이제 사회생활을 시작하는 입장에서 뭐든 배우는 시기라고 생각합니다. 입사하게 되어 월급이 다소 적더라도 이런 마음가짐을 유지하며 열심히 일하도록 하겠습니다."

질문의 의미

이런 질문은 지원자가 입사한 뒤 월급에 만족하지 못하고 좀 더 월급을 많이 주는 회사를 찾아 곧바로 떠날 만한 사람인지 슬쩍 떠보는 것이다. 그런데 만일 지원자가 자신의 입장을 낮추며 월급에는 큰 관심이 없는 것처럼 말한다면 그건 꽤 신뢰가 떨어지는 태도다. 월급에 관심이 없다고 했다가 막상 입사한 뒤에는 월급이 적다고 퇴사해 버리는 직원이 부지기수이기 때문이다. 그렇기 때문에 면접관에게 신뢰를 주고 설득적인 답변을 하기 위해서는 금전적인 부분에 관해 솔직하게 말하는 편이 낫다.

"물론 처음 입사하자마자 많은 액수의 월급을 받을 수 있을 것이라고 기대하지는 않습니다. 제가 입사하게 된다면 회사에 꼭 필요한 인재가 되어 제 몸값을 올리고자 노력하겠습니다. 그렇게 회사와 함께 성장하면서 점차 많은 월급을 받을 수 있을 것이라고 기대합니다."

능력 있는 인재임에도 불구하고 언제까지나 터무니없이 적은 월급을 줄 수밖에 없는 회사라면 지원자와 회사 모두 부담이다. 엄청난 성장 잠재력을 기대하며 적은 월급을 참아 낼 수 있다면 모르겠지만 그게 아니라면 내 능력으로 회사를 발전시켜 수입을 증가시키든가 아니면 내가 만족할 만한 월급을 주는 회사를 찾아 정착하든가이다. 물론, 내가 만족할 정도의 월급을 받을 만큼의 인재인가는 본인이 냉정하게 판단해 볼 문제다.

본인 능력에 월급 얼마가
적당하다고 생각하시나요?

당신의 착각

희망 월급을 너무 비싸게 이야기하면 면접관들은 거부감을 가지겠지. 그렇다고 평균 정도의 금액을 말하면 다른 경쟁자들과 비슷해서 크게 호감을 받지 못할 게 틀림없어. 그러니 최대한 겸손한 자세로 평균보다 좀 낮은 금액을 이야기했을 때 높은 점수를 받을 수 있을 거야.

이런 대답 – NOT GOOD

"저는 이 회사에서 근무하는 것만으로도 감사하고, 또 이 회사의 가능성을 높게 보고 있습니다. 그래서 저는 ○○○ 정도(평균보다 좀 낮은 수준)의 월급을 받아도 만족하며 열심히 일하겠습니다."

질문의 의미

이 질문은 상당히 이율배반적이다. 지원자가 스스로의 가치를 아주 높게 평가하고 몸값을 높게 말하면 회사 입장에서는 부담이 될 수 있다. 입사하더라도 행여 다른 회사로 스카우트 되어 금방 떠나 버릴 수도 있겠다는 우려가 있다. 하지만 너무 낮은 몸값을 이야기하는 지원자에 대해서도 매력을 느끼지 않는다. 별로 능력 없고, 다른 곳에는 취직이 어려워서 우리 회사에 지원하는 것 아닌가 하는 오해를 할 수 있기 때문이다. 즉, 너무 높아도 문제이고 낮아도 문제다.

이럴 때는 자신감 있고 당당하게 자신의 희망 월급을 말하면서 회사에 충직한 직원으로 남겠다는 뜻을 확실히 밝히는 것이 가장 안전한 답안이다.

이런 대답 - GOOD

"저는 그동안 모든 회사가 바라는 인재가 되기 위해 많은 노력을 기울여 왔습니다. 그래서 신입생 평균 연봉인 ○○○보다는 약간 높은 급여를 받을 수도 있다고 생각합니다. 하지만 막상 입사하게 된다면 저 혼자만의 욕심보다는 회사와 제가 함께 성장해야 한다고 생각합니다. 장기간 근무하면서 저의 능력을 발휘한다면 회사에서 분명 그에 맞는 보상을 해줄 것으로 기대합니다."

여기에서의 핵심은, 나의 능력을 피력함과 동시에 회사와 더불어 지속적으로 성장해 가면서 그에 합당한 대우를 받기 원한다는 뜻을 말하는 것이다.

회사 다니다가 더 좋은 조건의 직장이 나오면
이직할 건가요?

당신의 착각

당연히 이직하겠지만, 지금 면접관 앞에서 이직할 거라고 말하는 건 너무 속이 뻔히 보이는 대답이겠지. 그리고 이렇게 솔직하게 대답하다가는 면접에서 떨어지고 말거야. 무조건 이직은 안 하고 이 직장에 평생 다니겠다고 말해야 하는 거지.

이런 대답 - NOT GOOD

"저는 무슨 일이 있어도 이직은 하지 않을 예정입니다. 저는 이 회사가 좋고 이 회사에 입사하는 것이 꿈이었습니다. 끝까지 남아서 회사와 생사를 함께하겠습니다."

질문의 의미

절대로 이직하지 않겠다고 하는 지원자를 마다할 회사는 없다. 하지만 더 좋은 조건의 제안이 오는데도 이직하지 않겠다고 대답하면 그건 좀 이상하다. 당장 면접에 합격하고 싶어서 거짓말을 하는 것 아니면 그런 더 좋은 조건의 직장을 갈만한 능력이 없는 것이다. 다른 회사에도 이직할 수 있는 능력자라면 우리 회사에서도 그만큼 가치 있는 인재임이 분명하다. 그러니 지나친 겸손보다는

당당하고 솔직하면서도 현재의 위치에서 성실한 인재임을 부각시
켜야 한다.

"저는 일단 입사하게 된다면 이 회사에서 꾸준히 능력을 발휘하
며 근무할 예정입니다. 그런데 저에게 더 좋은 조건의 스카우트 제
의가 온다면 솔직히 심각하게 고민해 볼 것 같습니다. 만약 그때 회
사의 아주 중요한 프로젝트가 진행 중이라면 당연히 현재의 중요한
일을 마무리할 때까지 보류하겠습니다. 그 이후에도 계속해서 제안
이 온다면 여러 가지 상황을 고려해서 결정해야 하지 않을까 싶습니
다. 하지만 어느 순간에도 저는 책임 있는 자세를 유지할 것입니다."

회사는 지원자가 평생 이 회사에서만 근무하게 될 것이라고는
기대하지 않지만, 개인적인 이익을 위해서 회사에 피해를 끼치면서
까지 이직할 만한 지원자라면 꺼린다. 책임감 있는 인재임을 강하
게 피력하는 것이 좋다.

우리 회사의 철학에 대해
알고 있나요?

면접을 보러 온다면 회사의 철학 정도는 미리 공부하고 왔어야 겠지. 다행히 나는 공부를 좀 하고 왔으니 외워 온 대로 잘 말하면 될 거야. 나의 회사에 대한 애정과 관심을 면접관들이 높이 살 게 틀림없어.

"네 회사의 철학에 대해 잘 알고 있습니다. 회사의 철학은 ○○○ 이고 ○○○합니다. 저는 그것에 대해서 전적으로 동의하며 제가 입사하게 된다면 앞으로도 잘 새겨 나가겠습니다."

면접관이 회사의 철학을 물어본다는 것은 지원자가 정말 회사 철학의 의미를 제대로 이해하고 동의하며 그것을 어떻게 해석하는지 시험을 보는 것이 아니다. 입사하지도 않은 단순한 지원자가 회사 철학의 깊은 의미를 정확히 알고 있을 것이라고 기대하지도 않는다. 여기에서 면접관들은 지원자가 회사에 대해 얼마나 깊은 열정이 있고 얼마나 애정을 갖고 이 회사에 근무하게 될지 가늠하는

데 중점을 둔다. 다른 지원자들보다 더욱 강렬한 열정과 애정이 있는 지원자라면 회사의 철학에 대해 이야기할 때조차 여타 지원자들과 다를 것이 분명하기 때문이다.

이런 대답 - GOOD

"네, 저는 회사가 추구하는 ○○○에 대해서 매우 공감하고 있습니다. 특히 이 ○○○ 부분은 저의 가치관과도 매우 비슷해서 정말 반가웠습니다. 저는 이 회사에 큰 애정을 가지고 있습니다. 누구보다도 강렬한 열정으로 회사에서 열심히 근무할 각오가 돼 있습니다. 회사의 철학인 ○○○은 제가 앞으로 이 회사에서 직장 생활을 하며 지낼 때 중요한 지침이 될 것입니다."

단지 회사 철학을 잘 알고 있다고 외워서 읊는 것만으로는 부족하다. 나의 열정과 애정을 회사의 철학과 잘 어우러지도록 설명하고 회사와 희로애락을 함께할 구성원이 될 각오가 되어 있다는 단계까지 설명해야 한다.

그대들을 응원한다

그대들을 응원한다

이 책의 첫 장부터 끝까지 함께 한 그대들,
애 많이 쓰셨다.

이제부턴 그대들의 시간이다.
'취업'이라는 관문을 뚫기 위해,
지금까지 20여 년 넘게 달려온 그대들의 노력이 빛을 발할 시간
만이 남았다.

인생에서 '취업'은 매우 중요한 터닝 포인트다.
단순히 돈을 벌 수 있다, 라는 개념을 넘어

그대들의 꿈을 펼칠 기회를 얻는 것이자
앞으로 어떻게 살아갈지에 대한 이정표가 되기 때문이다.

 이미 그대들보다 앞서 살아온 인생 선배로서
 지금 이 순간 그대들의 치열함, 두려움, 막막함 그리고 막연한 설
렘까지 충분히 공감한다.
 그러니
 '자기소개서'의 글쓰기 공식이 값진 도움이 되길~
 '합격'이라는 기쁜 소식을 듣길~ 간절히 원한다.

자, 이제 심호흡 한 번 깊게 하고, 운동화 끈 다시 꽉 묶고,
'합격'을 향해 달려 보자!

 '취준생'이란 뭉뚱그려진 이름에서
 '○○ 직장인'이란 고유의 이름으로
 당당하게 불려지기를 바라며~!
 행운을 빈다.
 진심으로!

방송작가 이수연

*

정말 오래 준비했고 수고했다.

이제 품어 온 꿈을 펼치며 누구보다도 멋진 삶을 살아갈 여러분에게 먼저 큰 박수를 보낸다.

인생의 정답은 없고, 누구든 반드시 따라야 할 정석도 없다. 나의 가치관과 나의 미래는 나에 의해 결정돼야 하며 나의 삶은 나를 중심으로 돌아가야 한다. 그래야 평생 후회 없이 행복할 수 있다.

앞으로 우리가 준비해야 할 것은 누구라도 탐내는 대단한 인재가 되는 것이다. 화려한 스펙만으로 성공이 보장되던 시절은 끝났다. 나를 멋지게 드러내고 타인과 유연하게 소통하며 나무랄 데 없는 인간관계를 소유할 수 있는 사람이 성공한다.

면접은 이러한 능력을 검증하는 첫 번째 관문이다. 이 책에는 면접을 훌쩍 통과할 수 있는 인생 선배의 조언을 가득 담았다. 이 책을 통해 면접을 훌쩍 통과할 수 있다면 여러분은 이미 성공 반열에 성큼 다가간 것이다.

간절한 꿈을 이루려 열심히 노력하는 여러분과 함께 할 수 있어서 영광이다. 이 책이 그 여정을 환하게 비추는 길잡이가 될 것이라고 믿는다.

前 KBS 아나운서, 중부대 교수 황유선

단단한 자소서,
탄탄한 면접 하루 완성

방송작가와 아나운서가 알려주는 매력적인 취업 전략

글 이수연, 황유선
발행일 2024년 2월 25일 초판 1쇄

발행처 다반
발행인 노승현
책임편집 민이언
출판등록 제2011-08호(2011년 1월 20일)
주소 서울특별시 마포구 양화로81 H스퀘어 320호
전화 02-868-4979 팩스 : 02-868-4978

이메일 davanbook@naver.com
홈페이지 davanbook.modoo.at
블로그 blog.naver.com/davanbook
포스트 post.naver.com/davanbook
인스타그램 @davanbook

ISBN 979-11-85264-83-7 03320